Robert Rogner jr.
Ondřej Cikán
Anatol Vitouch

ZU ZWEIT ZUR SONNE

ISBN 978-3-99001-001-3

Coverdesign und Produktion: Theo Kammerhofer
Umschlagbild: Lukas Beck
Lektorat: Dr. Ernst Grabovszki (Ltg.), Marlene Pardeller
Druck: CPI Moravia, Pohorelice

Mit 50 Tipps
und irren Raumschiff-Urlaubsgeschichten

ZU ZWEIT ZUR SONNE

Robert Rogner jr.
Ondřej Cikán
Anatol Vitouch

WIE DER URLAUB FÜR PAARE TROTZDEM EIN VERGNÜGEN WIRD

Inhalt

edition a

Reiseführer durch das Buch

Am Ende habe ich herausgefunden, dass die Fenster, die Türen und die Fußböden schuld sind. Und vor allem die Bäume, die bei uns auf den Dächern wachsen.
Es war die Lösung des Rätsels, warum sich Paare in unseren Gärten ganz ohne Scheu öffentlich an der Hand halten, küssen oder andere Zärtlichkeiten austauschen – und zwar obwohl wir das vom Wiener Künstler Friedensreich Hundertwasser als Traumwelt entworfene Bad Blumau nie als deklarierte Stätte der Zweisamkeit betrachtet hatten. Bei der Planung war vielmehr der Gesundheitsgedanke im Vordergrund gestanden.
Da Bad Blumau diese Wirkung nun aber augenscheinlich entfaltet, erforschte ich die Ursachen. Ich befasste Soziologen und Psychologen mit dem Thema, in der Hoffnung, dass sie hier im steirischen Hügelland das Geheimnis unverfänglicher Urlaubs-Zweisamkeit entdecken würden.
Ich fragte gleichzeitig Gäste nach ihrem Paar-Erleben und zog auf der Suche nach einem Schlüssel des Wissens,

der vielleicht mich selbst in meiner eigenen Beziehung und viele andere Paare glücklicher machen könnte, auch die Zimmermädchen zurate.
Währenddessen versuchte ich bereits, das Faktum als solches für den Ausbau von Bad Blumau zu nutzen. Wenn es schon so ist, dass irgendetwas an diesem Ort zur Erfrischung von Partnerschaft beiträgt, wollte ich selbst noch eins draufsetzen. Also nahm ich verstärkt Paartherapien, Paarmassagen und Ähnliches ins Programm – und fiel damit gründlich auf die Nase: Die Angebote wurden nicht angenommen.
Meine Suche ging also weiter und endete schließlich bei einer künstlerischen Vision: bei der von Friedensreich Hundertwasser, der dafür gesorgt hatte, dass in der gesamten Anlage keine Linie gerade war, kein Fenster dem anderen glich, kein Boden eben war und die Dächer begrünt und bepflanzt wurden.
Hundertwasser hatte darauf verzichtet, den Gesetzmäßigkeiten des, zwangsläufig, Vertrauten zu entsprechen. Genau darin, und davon bin ich inzwischen restlos überzeugt, liegt viel von der Magie der Zweisamkeit, die Bad Blumau ausstrahlt: Architektur prägt ihre Benutzer, und wenn sie nicht „entspricht“, fällt auch von ihnen der Druck, es zu tun.
Meine Schlussfolgerung lautete: Wenn Frauen und Männer ihre meist ohnedies nur gesellschaftlich geprägten

und viel zu wenig hinterfragten Erwartungshaltungen aneinander aufgeben, entsteht eine neue Unverfänglichkeit, eine neue Freiheit und Offenheit, die vieles möglich macht.

Dann entstehen auch jene der Seele schmeichelnden Gespräche leichter, die äußerlich wegführen vom Alltag und innerlich weg von der Halde des angesammelten Unausgesprochenen, die sie trotzdem, wie nebenbei, abtragen.

Daraus ergeben sich bereits ein paar einfache Ratschläge für einen gelungenen Urlaub zu zweit: Lösen Sie sich einmal von den Erwatungshaltungen, die Sie aneinander – und an den Urlaub – haben. Lösen Sie sich von dem vermeintlichen Idealbild von sich selbst, Ihrem Partner und Ihrer Beziehung.

Fragen Sie sich stattdessen zuerst im Stillen und dann zu zweit, was Ihre Beziehung einmalig macht. Fragen Sie sich, was diese Beziehung hinter all dem, was sie Verwandten, Freunden und ihnen selbst krampfhaft zu sein vorgeben muss, tatsächlich ist.

Der Urlaub versetzt mehr als jeder andere Teil des Jahreslaufes in die Lage, solche Dinge zu erkennen.

Umso leichter wird es Ihnen fallen, wenn Sie dabei so weit wie möglich auf das Vertraute verzichten. Warum nicht einmal Abenteuer im Urlaub statt Pauschalreise? Zumindest ein bisschen? Das Abenteuer des Erlebten kann dann ein Abenteuer der Seele mit sich bringen. Zu diesen ersten Erkenntnissen gelangt, wollte ich die Beforschung des Themas „Urlaubspaare" noch lange nicht ruhen lassen. Nur beschloss ich, statt Wissenschaftler als nächstes Künstler zurate zu ziehen.

Ich hatte damit bereits gute Erfahrungen gesammelt. Bad Blumau ist ein lebender Organismus, der von sich aus Weiterentwicklung einfordert. Nachdem Friedensreich Hundertwasser nach seinem Tod nicht mehr als Ratgeber fungieren konnte, fing ich an, mich an andere Künstler zu halten.

Ich bat sie, sich mit dem Ort auseinanderzusetzen und Antworten zu kreieren. So entstand die Musik, die in unseren Anlagen läuft, und so gewann meine Schwester Jasmin Rogner H. C. Artmanns Witwe Rosa Pock, um unsere Texte zu gestalten.

In Sachen Urlaubspaare wandte ich mich auf Empfehlung des Verlegers und Schriftstellers Bernhard Salomon an die jungen Autoren Ondréj Cikan und Anatol Vitouch. Sie blieben mehrere Wochen lang im Bad Blumau, führten Interviews mit Urlaubern und zogen nun ihrerseits Experten wie den prominenten deutschen Psychologie-Professor Jo Groebel bei.

Und dann schrieben sie. Sie verwoben wahre Urlaubsgeschichten tatsächlich existierender Paare in einen fiktiven Rahmen, brachten die Interviews mit den Experten

zu Papier, und obendrein noch ein paar Gedichte samt Benutzungsanleitung für Paare im Urlaub.
So entstand es, dieses Buch: *Zu zweit zur Sonne. Wie Urlaub für Paare trotzdem ein Vergnügen wird. Mit 50 Tipps und irren Raumschiff-Urlaubsgeschichten.*

Ich danke in diesem Zusammenhang unter anderen **Charlotte Kral** und **Marianna** und **Jost Rinderli**, die sich bereit erklärt haben, selbst erlebten Stoff zu liefern und mit ihren echten Namen Helden der Geschichten zu werden. Alle anderen Namen wurden geändert.

Ich wünsche eine inspirierende und unterhaltsame Lektüre, oder wie Geronimo O. O'Nelly, Kapitän des Raumschiffes *Saint-Sussex-Severian,* sagen würde: *Ready to rumble!*

Robert Rogner, Bad Blumau, März 2009

Anatol Vitouch

Starship Severian, Episode 0 – Urlaub, Urlaub, Urlaub

– Du erzählst das ganz falsch!

Ricardo ärgert sich. Ricardo ärgert sich oft, wenn Leni versucht, einen ihrer gemeinsamen Urlaube nachzuerzählen. Mit der Zeit hat sich die Erinnerung verschliffen, bei beiden: Man erinnert sich immer mehr und mehr daran, was man seit Jahren zum Besten gegeben hat und beständig weniger daran, was tatsächlich passiert ist.

Was auch immer sich damals wirklich abgespielt hat – beim Schnorcheln auf den Malediven, zu Neujahr im verschneiten Prag, in diesem einen zu heißen Frühling auf der Via Appia in Rom oder beim Ritt durch die Wüste auf dem Weg zu den ägyptischen Cheopspyramiden — niemand wird es je rekonstruieren können. Dass es nicht so war, wie Leni es eben wieder geschildert hat, das jedenfalls weiß Ricardo.

– Der Pulli, den ich dir angeboten habe, war nicht nass, verdammt noch mal!

– Er war feucht.

– Er war auch nicht feucht! Er war staubtrocken. Und davon abgesehen hat es im Auto ungefähr dreißig Grad gehabt, weil du die Heizung so hinaufgeschnalzt hast.

– Schau, Schatz, wir sind in diesen Platzregen hineingekommen ...

– Es hat GE-NIE-SELT!

Jetzt ist Ricardo doch etwas laut geworden, das tut ihm natürlich leid. Als ob es so wichtig wäre, wie heftig der überraschende und saisonal sehr untypische Regen im sommerlichen Bibione damals niedergegangen ist. Das übrigens ist Ricardo schon alleine deswegen egal, weil sie sowieso nach wenigen Sekunden in ihrem ausgeborgten Fiat in Sicherheit waren und der Regen nur noch auf das rostrote Dach prasselte, wie er sich zweifelsfrei zu erinnern weiß.

– Du weißt, wie leicht ich eine Blasenentzündung bekomme. Meine Hose war nass, darum hab ich die Heizung eingeschaltet. Und dann bist du gleich ausgerastet, ohne Grund.

Ricardo wird sich jetzt beherrschen. Er wird Leni nicht die Freude machen, auf diese gezielte Provokation mit jenem berechtigten Wutanfall zu reagieren, den er damals, im Fiat in Bibione, bei absolutem Sauwetter und ohne brauchbare Scheibenwischer über die schlecht asphaltierte Itaker-Straße schlitternd eben nicht gehabt hat (obwohl er alles Recht dazu gehabt hätte, wie er sehr wohl weiß).

– Pffft ...

– Wie bitte, Schatz? Ist dir schlecht?

– Nein, nein, es geht schon.

– Aber du machst komische Geräusche.

– Ich habe nur ausgeatmet, Liebling. Vielleicht könnten wir jetzt über irgendwas anderes als den Bibione-Urlaub reden!?

– Du bist schon wieder so gereizt. Genauso wie damals, auf der Rückfahrt aus Siena. Der schöne runde Platz, auf dem sie im Sommer immer diese verrückten Pferderennen veranstalten. Machen sich das ganze Pflaster damit kaputt ...

– Pffft ...

– Jetzt hast dus schon wieder gemacht!

„Nach dem vierten Jahr ist Urlaub am schwierigsten“

Der prominente deutsche Professor der Psychologie, Jo Groebel, spricht im Interview über die Risiken der Ferien zu zweit, die idealen Urlaubspaare und eine Urlaubsnacht mit Monty Python, Chips und Cola.

Wir sind in einem französischen Bistro unweit der Berliner Friedrichsstraße verabredet. Groebel kommt uns schon eine Straßenecke vorher entgegen, trotz der frühen Morgenstunde bestens gelaunt. Noch bevor der Kaffee bestellt ist und das Tonband läuft, erzählt er von einer Pressemeldung, die seine von ihm geschiedene Frau just

– Was?
– Das Geräusch, das komische Geräusch. Als ob dir schlecht wäre.
– Mach dir keine Sorgen, Liebling. Erzähl nur weiter deine Urlaubsgeschichte.
– Wieso ist es denn jetzt auf einmal meine Urlaubsgeschichte? Der junge Mann hat doch ausdrücklich gesagt, dass wir ihm gemeinsam von unseren Urlauben erzählen sollen. Also hilf halt auch ein bisschen mit. Was wollte ich denn gerade sagen? Jetzt hast du mich ganz aus dem Konzept gebracht, mein Gott!
– Entschuldigung.
– ... Mit deiner ewigen Gereiztheit — ja genau, jetzt weiß ich wieder: dass du schon wieder genauso gereizt bist wie damals, bei der Rückfahrt aus Siena, das wollt ich gerade sagen. Nur weil ich diese fürchterliche Kurvenstraße nicht vertragen habe, wo du so gerast bist.
– Ich bin fünfzig gefahren, Liebling: fünfzig. Alle außer mir sind hundert gefahren. Zwei Italiener haben mir aus dem Fenster das *Cornuto*-Zeichen gemacht, weil wir so langsam waren und man dort schlecht überholen konnte.

Tipp 1
Denken Sie schon bei der Planung daran, Freude zu bereiten. Packen Sie Dinge ein, von denen Sie wissen, dass sie der andere gerne hat. Überlegen Sie sich rechtzeitig kleine Geschenke und Aufmerksamkeiten.

– Meine Güte, diese Italiener, das sind ja die schlimmsten Raser. Das weiß man doch. Das weiß man doch, dass die Italiener die schlimmsten Raser sind, oder nicht? Aber mein Mann muss halt jeden Blödsinn mitmachen, den die Leute treiben. Da konnte ich dann einfach nicht mehr und bin ausgestiegen.
– Ich hab dich aussteigen lassen. Und ich hab am Ende jeder Serpentine im Auto auf dich gewartet, am Straßenrand. Du hast für jede Kehre ungefähr eine Viertelstunde gebraucht. Wenn wir gefahren wären, wären wir in drei Minuten durch gewesen, durch den ganzen Streckenabschnitt. Dann hätten wir den Weg zurück nach Wien an einem Tag geschafft, so wies geplant war.
– Und mir wäre übel gewesen, die ganze Reise hindurch. Wissen Sie, ich habe dieses Drehschwindel-Problem: Wenn es zu sehr im Kreis geht — Drehschwindel.
– Und wenn sie sich im Bett zu viel bewegt: Drehschwindel.

an diesem Morgen ausgesandt hat. Sie erklärt darin einen ihrer Meinung nach seit Jahren zwischen ihnen schwelenden Rosenkrieg für beendet. Wir freuen uns über Groebels Humor und Selbstironie: zwei Dinge, die Paare im Urlaub immer dabei haben sollten.

FRAGE: Herr Groebel, warum ist gerade der Urlaub für Paare oft so schwierig?

GROEBEL: Ich beantworte zuerst lieber eine andere Frage: Was erhoffen sich Menschen, wenn sie als Paar Urlaub machen? Wenn sich die Beziehung in einer schwierigen Phase befindet, soll sie der Urlaub — abgehoben vom Alltag — wieder kitten. Wenn es gerade gut läuft, soll

– Du bist so obszön, Ricardo!
– Na, wieso denn, es stimmt doch. Weißt du nicht mehr, damals in Sydney auf dem Wasserbett? Im Hilton? Zuerst wars lustig, aber dann musste ich dir eine halbe Stunde lang im Bad die Haare halten, während du den Lobster wieder losgeworden bist. Wissen Sie, da ist doch dann tatsächlich ein Angestellter aus dem Hotel nachschauen gekommen, ob ich sie umzubringen versuche oder wovon die Würgegeräusche sonst kommen! Wir hatten Zimmer 704, das weiß ich noch genau, und auf 705 waren diese zwei alten Japaner, die haben bei der Rezeption angerufen und gesagt, sie glauben, es gibt da ein Gewaltverbrechen im Nebenzimmer. Ich weiß nicht, so laut warst du eigentlich gar nicht, aber vielleicht haben die im Hilton Sydney nur Gipskartonwände, oder was weiß ich …
– Ricardo, bitte! Das ist dermaßen peinlich, so etwas erzählt man doch nicht …
Wenn die beiden einmal auf diese Art loslegen mit ihren Erzählungen, dann ist nicht so bald ein Ende in Sicht. Dabei fragt man sich, wann dieses eigentlich noch recht junge Paar Zeit für all die Urlaube gehabt hat: manche luxuriös, andere eher bescheiden — aber wüsste man es nicht besser, man könnte meinen, dass das gemeinsame Leben von Leni und Ricardo eine Art einziger, unendlicher Paarurlaub gewesen ist. Leben, um davon zu erzählen: In der dialogischen Schilderung erstreiten sich die

beiden ihre gemeinsame Vergangenheit und bringen Geschichten hervor, die sehr viel unterhaltsamer sind als die Realität je gewesen sein kann.
– ... Ja, auf Heron Island wars schön! Wie du in der Früh so weitwund am Strand gestanden bist in deinem Bademantel – und aufs Meer hinausgeschaut hast. Wissen Sie, er hat mich gar nicht bemerkt dabei, wie ich ihn photographiert hab. Das haben wir immer noch zu Hause hängen, das Photo: Er im blauen Bademantel, mit Kapuze, und dahinter das Meer, auch blau, aber anders, so sechs Uhr früh muss es da gewesen sein, es ist gerade die Sonne aufgegangen.
– Ja, da hast du mich erwischt. Wie ein kleiner Bub schau ich aus auf dem Bild. Das ist ein Polaroid, damals hats noch diese Polaroid-Sofortbild-Kameras gegeben. Das Meer hat anscheinend so laut gerauscht, dass ich den Auslöser gar nicht gehört hab, obwohl die ja ziemlich laut sind, die Polaroid-Kameras. Du bist dann zurück in unseren

das Schöne im Urlaub nach Möglichkeit ins Traumhafte gesteigert werden. Wenn der Zustand der Beziehung neutral ist, erwartet man eine nostalgische Wiederbelebung ehemals romantischer Gefühle. Das scheint mir der Ausgangspunkt des Ganzen zu sein.

FRAGE: Wo liegt das Konfliktpotenzial?

GROEBEL: Zugespitzt formuliert: Der Urlaub ist wahrscheinlich die Inkarnation all dessen, was in einer Beziehung funktioniert – und was nicht funktioniert. So kann bereits die Wahl des Urlaubsziels die charakterlichen Unterschiede der Partner zum Vorschein bringen: Will er um jeden Preis bergsteigen gehen, sie aber unbedingt gemüt-

Bungalow gegangen, hast dich wieder ins Bett gelegt, dich schlafend gestellt – und als ich zurückgekommen bin, hast du wirklich schon wieder geschlafen, und ich hab das Photo von mir auf meiner Bettseite liegen gesehen und habs mir zuerst einmal überhaupt nicht erklären können. Und als ich dann verstanden hab, was passiert sein muss, war ich auf einmal so wahnsinnig verliebt in dich – ich weiß auch nicht warum, es war eigentlich gar kein Grund da …

– Na, danke sehr.

– Nein, ich mein ja nur: in dieser speziellen Situation, eigentlich gar kein Grund, aber es war so schön dort, dieser Morgen auf der Insel, so, als obs nur uns gäbe und das Meer und …

– … den Photoapparat …

– … und den Photoapparat, ja. Na, jedenfalls haben wir uns dann so ungefähr den ganzen Tag lang geliebt, obwohl wir damals schon recht lang zusammen waren. So darf ich das doch sagen: Wir haben uns geliebt. Oder? Siehst du, ich kann die Geschichten auch so erzählen, dass sie dir gefallen, ab und zu.

Die beiden küssen sich, wie damals in Paris, am Gehsteig, neben den Buchständen der Rive Gauche: Es hatte geregnet, und die Tauben waren aus dem Park vor Notre Dame geflüchtet, wer weiß wohin. Paris war ihre erste gemeinsame Reise, und Ricardo hatte Leni auf alles eingeladen, ohne recht eigentlich das nötige Geld dafür zu besitzen. An diesem letzten Nachmittag vor ihrer Rückreise, für die sie das Zugticket allerdings noch nicht gekauft hatten, musste er ihr gestehen, dass er völlig pleite war. Es hatte sich schon den ganzen Tag die brennende Gewissheit in seinem Inneren ausgebreitet, dass das Geld nicht reichen würde, justament um einen verfluchten Tag nicht reichen würde. Dabei hatte er sich vor Reiseantritt einen genauen Plan gemacht, seine Einladung nach Paris war keineswegs ein Schnellschuss gewesen: Nach der gemeinsamen Heimkehr würde er seine Arbeitsstunden im Kino, in dem er als Billeteur beschäftigt war, ganz einfach für einen Monat verdoppeln. So würde sich die Reise rückwirkend finanzieren lassen. Da Ricardo aber wusste, dass Leni ein schlechtes Gewissen gehabt haben würde, wenn er ihr von seinem Vorhaben erzählt hätte, übertrieb er einfach ein bisschen das Ausmaß seiner Ersparnisse.

lich am Südseestrand liegen, handelt es sich vielleicht bereits um ein Symptom der Inkompatibilität zweier Charaktere. Kann man sich also gar nicht auf ein Urlaubsziel einigen, könnte ein Tipp auch lauten: Leute, trennt euch lieber, Trennung ist super, dann kann jeder alleine auf Urlaub fahren und machen, was er will (*lacht*).

FRAGE: Welche Einstellung hat denn der ideale Urlaubsbegleiter bzw. die ideale Urlaubsbegleiterin?

GROEBEL: Dazu eine Anekdote aus meinem eigenen Leben: 1982 hatte ich Liebeskummer und fuhr daraufhin weder mit der einen noch mit der anderen Frau auf Urlaub. Stattdessen traf ich mich mit einer

Das Frühstück an diesem letzten Reisetag hatten sie auf seinen Vorschlag hin in der *Closerie des Lilas* eingenommen, einem Café mit unfreundlichen Kellnern und großer literarischer Reputation. Ricardo vertrieb seine Sorgen, indem er Leni aus Hemingways *Paris — Ein Fest fürs Leben* vorlas und das James-Joyce-Frühstück für sie beide bestellte. Es handelte sich dabei um eine nicht enden wollende Folge von *amuse gueules*, kleinen „Gaumenfreuden", die von den auf- und abwetzenden Kellnern der Closerie mit schiefen Gesichtern und blödem Blick übellaunig serviert wurden. Man wurde naturgemäß nicht satt davon, aber es war das Teuerste auf der Karte. Gegen Ende des Balletts, das die Ober beim Auftragen der lächerlich kleinen Portionen inszenierten, gerieten zwei von ihnen auch noch in einen erheblichen Streit. Ricardo ärgerte sich, dass sein Schulfranzösisch wieder einmal nicht ausreichte, um zu verstehen, wovon die Rede war. Er mutmaßte, dass sich die beiden über die weitere korrekte Speisenfolge à la Joyce in die Haare geraten waren, denn sie stellten sich wechselseitig das Bein, um zu verhindern, dass der jeweils andere seine Tellerchen zuerst an Lenis und Ricardos Tisch loswürde. Ricardo hinterließ beinahe den ganzen Rest seines Geldes, und sie verließen das Café.
Draußen regnete es in Strömen. Aber während Ricardo befürchtete, Leni könnte seine aufkeimenden Sorgen be-

merken, vom schlechten Wetter oder dem abrupten Ende des gemeinsamen Frühstücks in eine unvorteilhafte Laune versetzt werden; doch sie strahlte ihn einfach nur an, unter der lilafarbenen Pergola der Closerie. Als sie ihn umarmte und ihm sagte, es wäre die schönste Reise gewesen, die sie jemals unternommen hätte, kam ihm das Pflaster vor dem Café wie der einzig trockene Fleck in ganz Paris vor, und mit Gleichmut beobachtete er über ihre Schulter hinweg, wie einer der Kellner hinter dem Panoramafenster die nicht aufgegessenen Reste ihres gemeinsamen Frühstücks im faltigen Gesicht seines Kontrahenten versenkte.

Ricardo war glücklich, aber nicht zu sehr. Seinem Geldmangel kam entgegen, dass Leni hauptsächlich spazieren gehen wollte, noch möglichst viel sehen wollte von der Stadt, am letzten Tag. Er lächelte dazu und wälzte ein paar Gedanken: Vielleicht musste man gar nicht zurückkehren. Wenn sie schon kein Geld für das Zugticket mehr hat-

befreundeten Redakteurin der *Zeit* zum Zwecke einer USA-Reise an die Westküste. Wir fuhren von San Francisco aus mit einem gemieteten Cabrio nach Los Angeles. Noch vor der ersten gemeinsamen Nacht sah es so aus, als könnte die ganze Sache ernst werden. Auf der Höhe von Monterey hörten wir im lokalen Autoradio von einem Monty-Python-Marathon im Fernsehen. Wir schauten uns an: Alles klar! Bei der nächsten Ausfahrt rechts raus, das nächstgelegene Motel angesteuert und mit einem Riesensack Chips und mehreren Litern Cola nebeneinander aufs Doppelbett gelegt. Wir sahen dann die ganze Nacht lang alles von Monty Python, und schliefen in den frühen Morgenstunden

Tipp 2
Schreiben Sie für jeden Tag ein Zettelchen mit einem Wunsch, und sei der Wunsch nur ein Kompliment. Ihr Partner soll das Gleiche tun. Ziehen Sie jeden Tag ein Zettelchen, und erfüllen Sie sich gegenseitig das Ersehnte.

ten, dann konnten sie ebenso gut in Paris bleiben. Worin bestand denn der Unterschied zwischen einem Urlaub und einem Leben? Ferien auf Dauer. Natürlich, man musste sich irgendwie Geld beschaffen, hier wie zu Hause. Aber es gab Möglichkeiten. Ob Leni ihn auch als Kriminellen lieben würde? Vielleicht dann noch mehr?

Sie standen auf einem der breiten Pariser Boulevards, vor einem riesigen Schaufenster, der Auslage einer auf Reptilien spezialisierten Tierhandlung. Leni zeigte versonnen auf Leguane und kleine Alligatoren und kicherte wie ein Schulmädchen. Dann sagte sie, dass sie sich jetzt schon ein bisschen auf die Rückreise freue, auf den Liegewagen mit den schmalen Klappbetten: Sie werde sich ganz dicht an ihn drücken und den Geräuschen der Schienen und seinem Atem zuhören und dabei einschlafen; und er müsse sie die ganze Nacht lang festhalten, damit sie bei der Einfahrt in eine Station oder bei einer plötzlichen Bremsung bestimmt nicht aus dem Bett geworfen werde.

Ricardo holte kurz Atem, denn es schien ihm jetzt ein ebenso geeigneter und zugleich ungeeigneter Moment wie jeder andere zu sein, um Leni über den Stand seiner Finanzen zu informieren. Aber hinter dem Schaufenster

begann gerade die Leguan-Fütterung, und Leni war abgelenkt.
So kam es, dass Ricardo bis zu jenem schon erwähnten Moment den Mund nicht aufbekam, in dem sie bei einem der aufklappbaren Holzkästen standen, in denen die Pariser Buchverkäufer nächst der Seine ihre Ware feilbieten. Der Himmel hatte sich geklärt, und das Pflaster schickte sich an, in der Nachmittagssonne trocken zu werden. Ein Schwarm hellgrüner Papageien mit geschwungenen Schnäbeln flog von einem Baum auf und ließ sich sinnloserweise auf dem übernächsten gleich wieder nieder. Ricardo schätzte die Anzahl der Papageien auf siebenhundert und betrachtete die freie Stelle auf Lenis Nacken, die vor ihm stand und den Kopf gesenkt hatte, um in einer Ausgabe der *Thaïs* von Anatole France zu blättern.
– Ein langweiliges Buch,
sagte Ricardo, der die Gesamtausgabe besaß.
– Ich will es trotzdem haben,

erschöpft ein. Als wir aufwachten, hatten wir Bauchschmerzen, wussten nicht, ob vom Lachen oder von Cola und Chips, und setzten die Reise als Freunde fort. In Los Angeles trennten sich unsere Wege. Sie schilderte diese Fahrt später in einem Buch mit Reiseberichten. Sie schrieb, die beste Urlaubsbegleitung sei nie ein enger Freund oder ein Partner, auch nicht die beste Freundin, sondern ein Mann, mit dem man dann letztlich doch nichts hätte! Vielleicht ist es möglich, ein solch freies Gefühl auch in einem Paarurlaub zu erreichen.

sagte Leni mit einiger Bestimmtheit und stampfte sogar leicht mit dem Fuß auf. Seine Praxis, Leni auf absolut alles während dieser Reise einzuladen, hatte sie offenbar etwas verzogen. Das war Ricardo zwar schon vor drei Tagen das erste Mal aufgefallen, als sie für einen Moment ernsthaft darauf bestanden hatte, dass er ihr ein Chinchilla-Fell aus einem Pelzgeschäft auf der Place de la Concorde zum Geschenk machen solle — aber erst jetzt, im Angesicht seiner völligen finanziellen Impotenz, deprimierte es ihn.

– Es ist einfach kein gutes Buch.

– Ich will es, ich will es, ich will es!

– Du erzählst das immer so, als ob ich eine kleine, verzogene Göre gewesen wäre! Normalerweise hätte ich mir das Buch ja selber gekauft. Aber vor der Abreise hast du mich durchsucht, um sicherzugehen, dass ich weder Bargeld noch Kreditkarten bei mir habe. Wissen Sie, mein Vater war Textilunternehmer und hat mir immer so viel Geld gegeben, wie ich gebraucht habe.

– Und ich wollte halt eine Reise machen, die nicht vom Geld deines Vaters bezahlt ist.

– Und die du dir nicht leisten konntest.

– Um einen Tag, Leni, um einen einzigen Tag ...

– Um einen Roman von Anatole France, ein Abendessen und ein Zugticket für zwei Personen von Paris, Gare de l'Est, nach Wien, Westbahnhof.

– Es ist nicht so, dass wir es nicht mehr zurückgeschafft hätten.
– Nein, so ist es nicht.
– Also, das war dann so: Ich hab ihr gesagt, dass ich sozusagen kaum mehr einen Groschen habe. Sie hat daraufhin einen Wutanfall bekommen, und ich hab mir schon gedacht: Jetzt ist alles aus. Sie rennt mir davon, ich ihr nach, aber hinter der nächsten Ecke sehe ich sie lachend am Boden sitzen, mit dem *Thaïs*-Roman in der Hand!
– Naja, ich hab den Wutanfall eben vorgetäuscht, weil ich dieses Buch haben wollte. Aber ich stehle sonst nicht. Mein Mann erzählt das immer so, als ob ich eine Kriminelle wäre.
– Bist du ja auch.
– Das war das einzige Mal, dass ich etwas gestohlen habe!
– Und in dem Café in Barcelona, in dem du den Aschenbecher mitgenommen hast?
– Das war ein Souvenir, die rechnen doch mit so etwas.

FRAGE: Welche Arten von Urlaubspaaren gibt es?

GROEBEL: Ein Thema scheint mir hier die Frage des Wünsche-Erfüllens zu sein. Optimal ist es natürlich, wenn einer der Partner ein Wünsche-Erfüller ist, der andere ein Wünsche-Einforderer. Als Deutscher hier in Berlin kann ich dazu aus eigener Erfahrung sagen, dass Frauen aus dem Westen im Allgemeinen der zweiten Kategorie zuzuordnen sind. Sie wachsen als Prinzessinnen auf und sind daran gewöhnt, dass ihre Wünsche erfüllt werden, natürlich auch – und gerade – im Urlaub. Wenn der Partner dann, wie ich zum Beispiel, ein Wünsche-Erfüller ist, klappt das zunächst wunderbar. Irgendwann tritt allerdings das

– Und die Handtücher bei Cipriani, in Venedig?
– Ricardo, es reicht. Erzähl die Geschichte zu Ende. Diese Anekdoten interessieren niemanden.
– Na gut. Aber eine diebische Elster bist du trotzdem.
– Ricardo!
– Ja, ja, schon gut. Mir macht das ja nichts aus. Hat mir auch damals nichts ausgemacht. Ich finds ja lustig. Und an dem Nachmittag in Paris war ich hauptsächlich froh darüber, dass dein Wutanfall nur vorgetäuscht war. Sie hat mir dann nämlich gesagt, dass sie mir gar nicht böse ist, und dass wir uns schon irgendwie Geld beschaffen würden. Also haben wir uns überlegt, was wir gut können, wofür man uns etwas geben würde.
– Tango tanzen!
– Genau. Ein paar Tage vorher waren wir nämlich in einem Lokal tanzen, und dort ist uns schon aufgefallen, dass uns alle Leute beobachteten, dass wir sozusagen die Tanzfläche leer gefegt hatten mit unserem Auftritt.
– Also haben wir uns einfach in die nächste große Fußgängerzone gestellt und zu tanzen begonnen. Gleich daneben waren ein paar Roma, Straßenmusiker, die haben uns gesehen und sich sofort mit uns verbündet,

Tipp 3
Urlaubszeit ist Augenzeit. Wählen Sie Ihre Kleidung deshalb bewusst. Entscheiden Sie sich für helle Farben, lassen Sie Schwarz und Dunkelblau im Kleiderschrank. Der klassische Urlaubston ist Weiß.

indem sie die passende Musik gespielt haben. Und wir haben getanzt, als ob unser Leben davon abhinge!
– Vier Stunden haben wir durchgetanzt. Dann hatten wir so viel Geld zusammen, dass wir uns nicht nur das Zugticket leisten konnten, sondern auch noch ein letztes, kleines Pariser Abendessen.
– In der Nacht sind wir in den Zug gestiegen und sofort eingeschlafen, weil wir so müde vom Tanzen waren. So hat unser erster gemeinsamer Urlaub geendet.
Nicht, dass das die letzte Urlaubsgeschichte wäre, die Ricardo und Leni bereitwillig erzählen. Es gibt da auch noch die Kreuzfahrt entlang der kleinen Antillen, der Inseln unter dem Wind; die Reise mit dem Motor-Home durch den mittleren Westen der U.S.A.; oder auch — aber einen Moment: Ist es nicht etwas seltsam, dass ein Paar, nun ja, sagen wir, noch nicht einmal mittleren Alters, dass ein solches Paar auf eine nicht enden wollende Reihe

Problem der kumulierten Unzufriedenheit auf, wie ich das nennen möchte; das heißt, der Partner, in diesem Fall ich, bemerkt: Hey, das geht irgendwie immer nur in eine Richtung, komisch. Bei mir hat es in einer Beziehung etwa fünf Jahre gedauert, bis dieser Gedanke aufkam, aber dann war er unwiderruflich da. Dann kann es gerade im Urlaub zur Explosion kommen, weil verdichtet das zum Vorschein kommt, was im Alltag durch andere Episoden und Einflüsse noch zerstreut wahrgenommen wird.

Tipp 4
Die ersten drei Tage sind die schwierigsten. Sie müssen sich erst an den Urlaubsort anpassen. Leicht stellt sich Unmut ein, über das Zimmer, das Wetter, den Pool. Reagieren Sie sich in dieser Phase möglichst nicht an Ihrem Partner ab.

an gemeinsamen Urlauben zurückzublicken vermag? Und dass dieses Paar darüber hinaus kein einziges Mal vom Alltag spricht?

Nun, vielleicht wäre es verwunderlich, wenn es sich bei Ricardo und Leni um ein Paar im herkömmlichen Sinne handelte. Und wenn wir uns, den Erzählungen dieses Paares lauschend, an einem herkömmlichen Ort befänden; vielleicht in einem Kaffeehaus oder in der Wohnung der beiden?

Nichts davon ist der Fall. Vielmehr befinden wir uns in einer höchst besonderen Einrichtung: einer holographischen Station. Genauer gesagt: dem holographischen Deck eines Raumschiffs, der *U.S.S. Saint-Sussex-Severian*. Bei Ricardo und Leni handelt es sich daher auch nicht um Menschen im eigentlichen Sinne, sondern um menschenähnliche Hologramme, programmiert zum Zwecke der ... – ja, wozu eigentlich?

– Eine sehr interessante Vorführung, Nummer eins!

raunt Captain Geronimo O. O'Nelly, Kommandant des Raumschiffs, seinem Ersten Offizier, dem Androiden Mr. Myago, zu.

– In der Tat, Captain, in der Tat. Allerdings, auf ein paar kleine Fehler möchte ich doch hinweisen: Grüne Papageienschwärme im Paris des ausgehenden 20. Jahrhunderts dürften wohl nicht ganz am Platz sein. Und darüber hinaus ...

– Schon gut, Mr. Myago, schon gut. Dennoch sehr unterhaltsam, das Ganze. Da haben sich die allwissenden Konstrukteure unseres feinen Schiffes wieder so einiges einfallen lassen. Nun, ehrlich gesagt: Ich wüsste auch nicht, wie wir die urlaubenden Paare, die wir in Zukunft zu transportieren haben, sonst unterhalten sollten, wenn nicht mit den Figuren des holographischen Decks. Schließlich sind wir ein Teil der Flotte der Sternenföderation und kein Urlaubskreuzer. *Damn!* Aber so können sie sich wenigstens vorstellen, wie es wäre, einen irdischen Urlaub zu verbringen, während wir sie zu zweit zur Sonne fliegen. Oder sonst wo hin. Mr. Di Spila, wie hat Ihnen der Probelauf gefallen? Mr. Di Spila?

Aber der Zweite Offizier ist irgendwann während Lenis und Ricardos Erzählung friedlich entschlummert.

FRAGE: Zurück zur Typologie der Urlaubspaare.

GROEBEL: Um die Paar-Urlaubs-Typologie fortzusetzen: Wünsche-Erfüller und Wünsche-Einforderer als Partner – zunächst prima, aber längerfristig auch nicht konfliktfrei. Wenn zwei Wünsche-Erfüller ein Paar bilden, scheint das auf den ersten Blick wunderbar, es führt aber leicht zu völliger Unbeweglichkeit: Jeder versucht permanent die Wünsche des anderen zu erahnen. Eine Pattsituation. Wenn schließlich zwei Wünsche-Einforderer zusammenkommen, dann gibt es nur zwei Varianten: Entweder die Wünsche sind kompatibel – wunderbar. Oder sie sind es nicht, dann bleibt eigentlich wieder nur noch der getrennte Urlaub als Ausweg.

Er träumt vielleicht gerade von seiner sizilianischen Heimat; den gelben Zitronenbäumen und den braunen Nacken der jungen Mädchen, wenn sie in weißen Kleidern über die Felder zum Meer laufen. Vielleicht würde er gerne Urlaub machen mit einer von ihnen? Wahrscheinlich. Aber ernstere Aufgaben liegen vor unseren Helden, der Besatzung der *U.S.S. Saint-Sussex-Severian*, die für uns unermüdlich die unendlichen Weiten des Weltalls durchpflügt, wie ein sizilianischer Landarbeiter die trockene *campagna* für seinen *padrone* ...

Ondřej Cikán

Severian, Episode 156 — The Captain's past

1. Einleitung — Der Captain ist urlaubsreif

Unendliche Düsternis. Nur helle Punkte ab und zu. Hin und wieder spucken in der unermesslichen Ferne Vulkane Lava auf die Oberfläche fremder Planeten.

In einer Galaxie, ebenso düster und verlassen wie langweilig, lässt sich Cpt. Geronimo O. O'Nelly von einem Roboterarm die böhmische Kristallglasflasche reichen. Unter allen Flaschen, die das mächtige Raumschiff *U.S.S. Saint-Sussex-Severian*, oder *Der schwimmende Elch*, wie es in Fachkreisen manchmal genannt wird, mit sich führt, ist das die prachtvollste. Und der herrliche spanische Brandy, den sie beinhaltet, ist mit Sicherheit der labendste Labetrunk, der von der Sternenföderation je als Kapitänstrost genehmigt wurde. Man könnte meinen, dass er selbst dem an Schwärze unübertrefflichen französischen Tabak gleichkommt, dessen Lagerbestände allerdings bei der letzten Kampfhandlung vor sieben Jahren zur Gänze vernichtet worden waren. Der Captain streicht seine einteilige Naturkautschukuniform zurecht, nimmt einen Schluck und schon beginnt er, den vierbeinigen erlauchten Damen von Úrgâdon und den finsteren weißerbsenzahnichten Dichterinnen von Magnolia nachzuträumen, als ihn ein unangenehmes Klopfgeräusch an der automatischen Tür seiner Kajüte jäh aus den wärmenden Offiziersvorstellungen reißt.

– Herein!

Die Türe öffnet sich lautlos und Mr. Myago, der unentbehrliche Android und Erste Offizier der *Severian*, tritt ein.

– Captain! Das sternenföderale Kanonenboot *U.S.S. Old-Whiskey-Canadian* hat bereits vor drei Stunden, vierunddreißig Minuten und sechzehn Komma vier Sekunden am Hangarport Nummer 2, Deck 17, angedockt. Die Sternenkadetten Mr. Mutunus und Mr. Tutunus vom Planeten Iøöërüa warten auf Ihren Empfang.

– Mein lieber Myago, mein unentbehrlicher Android!

Wie soll ich meiner Besatzung nur beibringen, dass ich manchmal auch arbeiten muss? Sehen Sie nicht, dass ich beschäftigt bin?
– Ist, Captain, eine Antwort auf diese Ihre Frage erwünscht?
– Nein, mein lieber Myago! Soll doch LCdr. Di Spila die Kommandobrücke verlassen und die zwei Kadetten noch ein bisschen beschäftigen. Er soll sie in drei, vier Stunden auf das holographische Deck führen, ich werde dort auf sie warten.
– Drei oder vier?
– Sagen wir drei Komma fünf, Mr. Myago. Abtreten.
– Zu Befehl, Captain.
Manchmal möchte Captain Geronimo O. O'Nelly die allwissenden Konstrukteure der *Severian* dafür verfluchen, dass sie das gewaltige Schiff für eine Mindestbesatzung von nur drei Mann konzipiert haben. Nach dem Verlust von Madame Delorian bei der letzten Kampfhandlung vor sieben Jahren ist O'Nelly nämlich trotz der unermüdli-

FRAGE: Aus all dem ließe sich der Schluss ziehen: Der gemeinsame Urlaub ist eine so zentrale Frage für eine Beziehung, dass sich ihre Erfolgswahrscheinlichkeit daran messen lässt.

GROEBEL: Tatsächlich gibt es Statistiken, die zeigen, dass die Trennungs- und Scheidungsrate nach der Urlaubszeit besonders hoch ist. Im Urlaub steht mehr Zeit zur Verfügung, man lernt mehr Facetten am Partner kennen und vor allem: Es gibt, salopp gesagt, kein Entkommen. Wer es also wirklich auf die Spitze treiben will, sollte dringend gemeinsam auf Urlaub fahren; die Wahrscheinlichkeit, sich hinterher zu trennen, ist sehr groß (*lacht*). Aber Spaß beiseite: Wenn

chen Unterstützung durch seine zwei verbliebenen Besatzungsmitglieder Myago und LCdr. Di Spila schwer überbeschäftigt und sehnt sich nach Urlaub: wenn schon nicht in der tatsächlichen Gesellschaft der Schlangenfrauen vom Planeten Jucharé, dann zumindest in der scheinbaren am holographischen Deck. Aber nicht schon wieder nur für wenige Stundenbruchteile. Er sehnt sich nach mehreren Wochen!

Nachdem der Kapitän also das holographische Deck mit dem durch ein Psilium-Arsen-Aggregat betriebenen Hochgeschwindigkeitsaufzug erreicht und dort mit der virtuellen Bardame plauschend vier, fünf appetitliche Ohara-Gimlets zu sich genommen hatte, nachdem dann die Kadetten in der Begleitung von LCdr. Di Spila eingetroffen waren und O'Nelly diesen zurück auf die Kommandobrücke entlassen hatte, nachdem sich ferner der Kapitän mit den zwei jungen Männern bekannt gemacht und ihnen die Vorzüge des von ihm geführten Raumschiffs erläutert und nachdem er ihnen endlich den Lebenslauf des ehrenhaften Namenspatrons des Schiffs, des heiligen Severianus von Sussex geoffenbart hatte, sagte er der virtuellen Bardame, dass die Zeit gekommen sei, ein ebenfalls virtuelles, sechsdimensionales Hundert-Liter-Brandyfass heranzurollen.

– Meine lieben Midshipmen Mutunus und Tutunus! Dieses Fass werden wir jetzt zu dritt aussaufen! Es wird mir eine Freude sein, Ihre Widerstandsfähigkeit auf diese von mir seit Jahren betriebene und äußerst schmackhafte Weise zu prüfen!

Das Fass wurde von zwei künstlichen Lichtschönheiten angestochen, und den beiden jungen Midshipmen sprangen die hohen Zylinder von den Oberköpfen vor Verwunderung ob dieser etwas unübliche Prüfung. Der Captain strich sich zuerst den Kautschuk seiner Uniform, dann den mächtigen Schnurrbart zurecht.

– Legen Sie die Dolche ab, meine Herren. *Ready to rumble*! wie es bei uns so schön heißt. Zittern Sie nicht, mein lieber Mutunus, kein Grund zur Aufregung. Prost!

Weichhaarige Katzenfrauen führen einen geschmeidigen Tanz auf. Achtdimensional, auf dem neuesten Stand der Unterhaltungstechnik des 22. Jahrhunderts.

Nach den ersten zwanzig Litern beginnt Mr. Joël Mutunus erbärmlich zu jammern:

dem Urlaub eine harmonische Beziehungssituation vorangeht, ist die mit hoher Wahrscheinlichkeit im Urlaub ausbaubar – zwischen zwei Wünsche-Erfüllern ebenso wie zwischen Wünsche-Erfüllern und Wünsche-Einforderern. Wenn aber vor Urlaubsantritt ein Klima des Konflikts oder der Gleichgültigkeit zwischen den Partnern herrscht, dann besteht die Gefahr, dass sich das im Urlaub noch steigert und zur Trennung führt.

– Julia, Julia! Wann werde ich dich wiedersehen?
– Oho,
sagt Captain O'Nelly,
– Sie haben auch jemanden, der auf Sie wartet, zu Hause auf Iøöërüa?
– Ja, habe ich, ein terrestrisches Mädchen, sie heißt Julia und fngngng ...
– Jetzt weinen Sie doch nicht, mein Lieber!
– Aber kennen Sie dieses Gefühl, Captain? Ich habe sie jetzt schon sieben Monate nicht mehr in den Armen gehalten! Kennen Sie das?
– Sieben Monate? Ha! Ich habe meine geliebte Gattin schon seit achtzehn Jahren nicht mehr gesehen, denn so lange ist es her, dass ich mit der *Saint-Sussex-Severian* nach den unendlichen Weiten des Weltraums aufgebrochen bin. Und davor war ich fünfundvierzig Jahre mit der *Bright-Breathless-Benedictinian* im furchtbaren Amazonenkrieg!
– Oh ...
Als die wackeren Weltraumbären insgesamt fünfzig Liter des herrlichen holographischen Brandys aus dem Universum geschafft haben, ist Mr. Jacobus Tutunus mit Jammern an der Reihe:

Tipp 5
War es wirklich nur Zufall, dass Sie sich gefunden haben? Nutzen Sie einen romantischen Augenblick unter den Sternen, bei einem exotischen Cocktail oder bei einem Spaziergang, um diese Frage zu erörtern.

– Captain O'Nelly, ich leide an einer Vielzahl von Krankheiten!
– Sie Armer, an welchen denn?
– Ich habe mir in der magnolischen Sonne einen Sonnenstich geholt, jetzt quälen mich eine unangenehme Lichtempfindlichkeit und ein zermürbender Kopfschmerz! Außerdem habe ich mir bei einer Waffenübung ins Knie geschossen, was zu einer unerträglichen Raumnebelfühligkeit geführt hat. Und wir durchqueren gerade einen Raumnebel, nicht wahr?
– Es ist ein Nebel von virtuellem Tabak. Die Lagerbestände des echten sind ja bekanntlich vor sieben Jahren in einem Gefecht verloren gegangen.
– Oh! Sag ichs ja. Und als ob das alles nicht genug wäre, habe ich mir im Warteraum zur medizinischen Routineuntersuchung den hundertfüßigen Leberparasiten eingefangen, der erst langsam, nach und nach, Fuß für Fuß entfernt werden kann. Und bei der Untersuchung musste ich obendrein erfahren, dass ich allergisch gegen die

FRAGE: Lässt sich diese Gefahr entschärfen, wenn das Paar bewusst nicht alle 24 Stunden eines Urlaubstages miteinander verbringt?

GROEBEL: Dazu komme ich gleich, vorher noch eine wesentliche Zuspitzung des bisher Gesagten. Als eines taugt ein Urlaub wirklich fast nie, auch wenn viele Paare das versuchen: als Beziehungs-Rettungs-Maßnahme. Wenn in der Beziehung etwas Grundsätzliches nicht stimmt, dann wird das im Urlaub, wie schon gesagt, nur noch deutlicher zum Vorschein kommen. Das beste Beispiel bin ich selbst: Besagte Ehe, deren Rosenkrieg heute Morgen von meiner Frau per Pressemeldung offiziell beendet wurde, führte kurz vor ihrem Zerbrechen auch noch

köstlichen Urumburumba-Bohnen bin und an Schmetterlingen leide.

– Oje, oje, mein armer Mr. Tutunus! Wo haben Sie denn die Schmetterlinge?

– Im Bauch ...

– Also geht es Ihnen nicht viel besser als unserem Mr. Mutunus. In Fachkreisen nennt man das auch: Der fliegende Kummer. Schmetterlinge gehören nicht in den Bauch, merken Sie sich das. Wenn schon, gehören sie ins Haupthaar. Hehe.

– Sie kennen diese Beschwerden auch, Captain?

– Aber ja! Und noch schlimmere! Aber: Mein lieber Tutunus, nehmen Sie auch regelmäßig die Tabletten ein, die Ihnen der Militärarzt verschrieben hat?

– Ja, das tue ich, Captain, in meinem Pflichtbewusstsein könnte ich gar nicht anders.

– Sie sind ein guter Midshipman, Mr. Tutunus, Sie natürlich auch, Mr. Mutunus! Bei Schmetterlingen muss man höllisch achtgeben! Die können sich mit atemberaubendem Tempo vermehren, und dann ist man an allen möglichen Stellen davon betroffen, und im fortgeschrittenen Stadium greifen sie die Psyche an!

– Wirklich? Inwiefern, Captain?

– Ja! Angeblich beginnen sie irgendwann ein Sekret abzusondern. Es soll so einen Geruch haben ... etwa wie Chanel Numéro Cinq! Das gelangt in den Blutkreislauf

und wirkt dort unserem köstlichen holographischen Brandy durchaus vergleichbar: Es kann von manisch aggressiven Neurosen bis zu schweren, sogenannten Flügelschlag-Depressionen alles Mögliche verursachen! Ist Ihnen das bewusst, Mr. Tutunus?
– Nun ja ...
– Ausgezeichnet. Und ich hoffe, Sie können sich vorstellen, was passiert, wenn sich diese Insekten aus dem Körper lösen? Ganz abgesehen davon, dass das starke Schmerzen verursacht: Die bunten Schmetterlinge umflattern einen dann immerfort, selbst im Schlaf! Und man kann machen, was man will, auf Männer über 60 wirken sie ungemein betörend! Ja, Männer über 60 und Schmetterlinge ziehen sich an. Ich weiß, wovon ich rede, mein Lieber! Ich hatte selbst schon einmal so ein Problemchen, als ich jung war ... Also nehmen Sie um Gottes Willen die Pillen!
– Sehr wohl, Captain.
– Außerdem sollten Sie jede Aufregung vermeiden! Das ist für die Vie-

einmal zu einem dreiwöchigen Griechenland-Aufenthalt. Da meine Ex-Frau der sportliche Typ ist und am liebsten den ganzen Tag auf dem Surfbrett steht, während ich gerne in einer begrasten Region in Ruhe Bücher lese, war das natürlich nicht das Wahre. Bald nach diesem Urlaub haben wir uns getrennt (*lacht*). Der gemeinsame Urlaub ist also mit anderen untauglichen Rettungs-Szenarien verwandt, wie etwa das besonders idyllische Weihnachtsfest oder das Zeugen von Kindern. Die ultimative Katastrophe wäre dann also: zu Weihnachten gemeinsam auf Urlaub fahren und dort ein Kind zeugen, um die Beziehung zu retten!

Tipp 6
Lassen Sie sich im Urlaub gehen, aber nicht allzu sehr. Sie dürfen ungeschminkt sein oder einen Dreitagebart tragen, aber es soll auch diese besonderen Anlässe geben, an denen Sie sich bewusst und feierlich schön machen.

cher nämlich ein Paradies! Man sollte es im Übrigen auch vermeiden, liebe Mitmenschen in Aufregung zu versetzen, wenn man weiß, dass eine Neigung zu dieser Krankheit besteht. Das kann sich rächen, Mr. Tutunus!
– So?
– Mir ist da nämlich einmal sowas passiert, mein lieber Midshipman ...
Der Captain holt schon Luft, um die interessante Geschichte aus seiner Vergangenheit zu erzählen, doch da verschwindet das Fass, es verschwindet die Bardame und die tanzenden Katzenfrauen verschwinden auch, mit einem surrenden Geräusch.
– Oh, *damn!* Was ist da los?
flucht der erfahrene Weltraumbär O'Nelly ins in die Wand eingebaute Funkgerät.
– *Signor capitano!* Hier Kommandobrücke, Lieutenant Commander Francesco di Spila! Wir sind in einen Raumnebel geraten und wurden von den *brutte bestie* von Ashkansianern eingekreist! Die Wärmesensoren und die Bewegungssensoren sind ausgefallen! Ich warte auf Anweisungen!
– Wenn wir unter Beschuss geraten sollten, Mr. Di Spila, werde ich das wohl selbst merken! Bis dahin stören Sie mich nicht! Alarmstufe Hellgelb. Ich übergebe das Kom-

mando an Mr. Myago. Und machen Sie *damn, damn, damn* auf Deck 22 wieder das Licht an!
Was bleibt dem fleißigen Föderationsoffizier aus dem schönen Rocca di Caprileone anderes übrig als zu gehorchen? Nichts:
– Ay, ay, Sir!
Und als er das Funkgerät abgedreht und die Energiezufuhr für das holographische Deck wieder in Betrieb genommen hat, fügt er hinzu:
– *Che cazzo inutile, questo capitano*!

2. Urlaub in Florenz – Der wahre Name des Captain Geronimo O. O'Nelly

– Also: Wo war ich stehen geblieben, meine Herren?
fährt O'Nelly fort,
– Ach ja! Ich wollte Ihnen erzählen, was man empfindlichen Mitmenschen nicht antun sollte: Als ich noch Zivilist war, lebte ich auf der Erde in Mitteleuropa. Wissen Sie, wo das ist? Ja?

FRAGE: Aber zurück zur Frage nach den 24 Stunden.

GROEBEL: Beim Urlaub der getrennten Wege bin ich etwas skeptisch. Das scheint mir ein bisschen weder Fisch noch Fleisch zu sein. So nach dem Motto: Treffen wir uns um Mitternacht an der Hotelbar und ansonsten geht jeder seiner eigenen Wege. Das finde ich dann doch etwas komisch. Vielleicht kann das Geheimnis dabei eine positive Rolle spielen: Was hat er, was hat sie den ganzen Tag gemacht, etwa jemanden kennengelernt? Wobei uns die Frage nach den Erfahrungen des Einzelnen im gemeinsamen Urlaub unweigerlich zum Thema Eifersucht führt. Ein entscheidender Punkt dabei ist: Wie

Sehr gut. Ich lebte in der Hauptstadt der Tschechischen Republik, in Prag. Das ist eine ausgezeichnet hübsche Stadt, *damn*. Dort wurde ich auch geboren. Das war noch im 20. Jahrhundert, meine Lieben, das können Sie sich vielleicht gar nicht vorstellen.
– Und Ihr Name, Captain, ist ein Name, der in diesem Land gebräuchlich war? Wie hieß es noch gleich?
– Tschechien hieß es, Mr. Mutunus. Nein, den Namen Geronimo O. O'Nelly habe ich als Künstlernamen gewählt, als ich zum sternenföderalen Battleship-Captain befördert worden war. Geboren wurde ich als Jarolím Žíněnka.
– Žíněnka? Das klingt ja wie Hhrdličkanisch!
– Ja, mein lieber Mutunus, die Sprachen sind vielleicht klangfarblich verwandt, aber unterbrechen Sie mich doch nicht, wenn Sie die unterhaltsame Geschichte hören wollen: Jedenfalls habe ich meiner damaligen Geliebten, meiner jetzigen über alles geliebten Gattin vorgeschlagen, auf Urlaub nach Florenz zu fahren. Das war nämlich immer schon ihr Wunsch gewesen, ein Urlaub in Florenz: Uffizien, Michelangelo, Santa Maria del Fiore, die Arno-Brücken, ach!
– Liegt dieses Land auch auf dem Planeten Erde?
– Arrgh. Ja, Mutunus, es ist eine Stadt in Italien, Südeuropa. Italien, von wo der vermaledeite Di Spila herkommt. Und meine damalige Geliebte und jetzige über alles geliebte, wenn auch allzu ferne Gattin namens

Slavěna freute sich sehr. Am Tag vor der Abfahrt habe ich mit einem Freund geredet, und der hat gesagt, dass er die Strecke Prag — Florenz mit dem Auto in acht Stunden schafft. Das ist sehr schnell gewesen damals, in der Zeit der autopilot- und sogar navigationscomputerlosen Kraftfahrzeuge auf Rädern mit auf Wärmeausdehnung basierenden Verbrennungsmotoren. Und ich habe mir in den Kopf gesetzt, es in mindestens derselben Zeit hinzukriegen, obwohl mein Kraftfahrzeug ein französischer Kleinbus der Marke Citroën war, mit wassergekühltem Dieselmotor von vier in einer Reihe angeordneten Zylindern mit der maximalen Fahrleistung von 109 PS und einer Beschleunigung von 0 auf 100 km/h in wenig beeindruckenden 15,8 Sekunden im Leerzustand.

Aber meine liebe Slavěna wusste nichts von diesem meinen heldenhaften Vorhaben und begann es naturgemäß gut gelaunt und unvorsätzlich zu boykottieren. Sie wollte: jausnen, reden, eili-

gehe ich damit um, dass der Partner Erfahrungen ohne mich macht, vielleicht sogar einmal erotische Erfahrungen?

FRAGE: Was wäre der ideale Umgang damit?

GROEBEL: Ideal wäre natürlich ein Zustand, in dem die Beziehung so gefestigt ist, dass sie zum Beispiel auch durch ein erotisches Abenteuer im Urlaub, durch einen Seitensprung, nicht gefährdet werden kann. Dergleichen kann ja im besten Fall sogar zu einem Wiederaufflammen der erotischen Leidenschaft zwischen den Partnern führen.

ge Tankstops durch die Beobachtungen der Himmelserscheinungen ausdehnen, sich in übertriebenem Ausmaß bei stillstehendem Fahrzeug außerhalb desselben der Körperpflege hingeben usw. usf. Das musste ich freilich früher oder später schroff unterbinden!
– Ganz recht, Captain!
– Danke, Mr. Mutunus. Ich sehe, Sie haben schon etwas Erfahrung gesammelt für Ihr zartes Alter! Tatsächlich habe ich aber auf diese Weise meinen Navigator eingebüßt, da Slavěna jetzt beleidigt war und nur noch unrichtige Kurse anzugeben gedachte. Ich musste also bei jeder der wenigen kurzen Fahrtunterbrechungen genauestens die papierene (!) Karte studieren, um mir den richtigen Weg einzuprägen. Letztendlich, am frühen Morgen, hatten wir Piazzale Michelangelo erreicht. Nach immerhin 8,5 Std. und 1.030 km (!), mit einer Durchschnittsgeschwindigkeit inkl. Pausen (!) von ca. 120 km/h (!). Ich war zufrieden, stieg aus und wollte die Aussicht und den Sonnenaufgang (!) genießen. Aber Slavěna teilte meine Zufriedenheit nicht, zückte und öffnete ein Taschenmesser (!), bereit, mein ihr inzwischen verhasstes Fahrzeug so stark wie möglich zu

Tipp 7

Lesen Sie sich gegenseitig Liebesgedichte vor. Es können fröhliche, traurige oder auch erotische sein. Im Anhang dieses Buches finden Sie passende Gedichte von Ondréj Cikan und Anatol Vitouch zur Auswahl.

beschädigen. Nur durch geschickteste Diplomatie konnte ich dieses drohende Übel abwenden.

In der Tat kündigte meine geliebte Slavěna aber an, sofort mit der Eisenbahn (ein meist aus mehreren miteinander verbundenen Wägen bestehendes öffentliches Verkehrsmittel; die Stahlräder sind mit sogenannten Spurkränzen versehen, die das Fahrzeug auf den Stahlschienen halten) zurück nach Prag zu reisen und nie wieder mit mir in ein Personenkraftfahrzeug zu steigen, geschweige denn mit mir in den Urlaub zu fahren. Ich fand ihre Ankündigungen doch einigermaßen verständlich und versuchte, so weit es ging, die Ruhe zu bewahren. Zuerst brauche sie Geld für die Reise, meinte ich. Wir fuhren also zur Bank. Dann brauche sie Proviant, meinte ich. Wir kauften also einige Tramezzini, Obst und Limonade (feste und flüssige Nahrungsmittel, wie auf der Erde im 20. Jahrhundert üblich, keine Tablettennahrung). Nach und nach wurde

FRAGE: So entspannt sehen das die wenigsten Paare.

GROEBEL: Ist Eifersucht im Spiel, dann weiß ich nie: Ist meine Partnerin wirklich nur deshalb treu, weil sie sich ausschließlich für mich interessiert? Oder will sie bloß Ärger mit mir vermeiden? – Was ja die positive Zuwendung zu mir gar nicht erhöht. In diesem Sinne wäre die Abwesenheit von Eifersucht also in jedem Fall wünschenswert, nur: Gefühle lassen sich eben nicht nach Belieben steuern! Das ist überhaupt ein Punkt, der gerade im Kontext eines Ratgebers wichtig ist. Ein Ratgeber kann nur dazu dienen, den Umgang mit Gefühlen zu steuern. Er kann niemals Gefühle selbst

sie ruhiger, das konnte man an ihrer langsam weniger grob werdenden Wortwahl erkennen.
Dann brachte ich meinen Liebling zum Bahnhof. Dort hat sie es sich knapp vor der Abfahrt des Zuges endlich doch anders überlegt, weshalb dem gelungenen Urlaub und der Besichtigung der Stadt nichts mehr im Wege stand. So ähnlich, meine lieben Herren Kadetten, habe ich auch die Verhandlungen mit dem General der Phrhnikhischen Assassinen erfolgreich gelöst.
– Oh!
– Den Rückweg nach Prag habe ich in lahmen 12,5 Stunden zurückgelegt. Es war über weite Strecken Stau.
Und jetzt, jetzt, wo ich mich traurig an diese schöne Zeit erinnere, tut es mir leid, die Geschichte weiter zu erzählen, aber ich muss! Ich muss weitererzählen, damit Sie, meine Herren, lernen, wie sich ein Gentleman verhalten sollte und wie nicht!
– Aha, aha. Ja? Ja?
– Nachdem wir also wieder zu Hause angekommen waren, stellte sich heraus, dass bei meiner für immer geliebten Gattin die Gefahr bestand, sich mit einem anderen einzulassen. Auf der Fahrt nach Florenz hatten sie angesichts eines Tankwarts ein paar Schmetterlinge befallen. Schuld daran war wohl mein unpassendes Verhalten ihr gegenüber und auch mein ungestümer Fahrstil. Sie war die ganze Zeit über allzu angespannt und unruhig auf

dem weich gepolsterten Beifahrersitz gesessen! Süßen Schlaf zu genießen war ihr unmöglich gewesen! Und nun musste ich freilich im eigenen Interesse die Gefahr einer weiteren Ausbreitung dieser Krankheit, von der ja nur – und wirklich nur – fremde Männer profitieren würden, unterbinden! Tag und Nacht telefonierte ich mit Kliniken und Krankenhäusern und niedergelassenen Fachleuten. Kühlende Salben, wärmende Tees, beruhigende Pulver und stärkende Globuli besorgte und verabreichte ich ihr in jeder freien Minute!

– Und? Wurde sie geheilt?

– Alles ist wieder gut geworden, Mr. Tutunus, so wie auch Sie bestimmt wieder gesund werden.

3. Kreta ist im Frühling kalt — Auch der Captain prahlt zur Not

– Ach, wie ich mich nach meiner Julia sehne, Sir, ich kann das gar nicht gfgfgfnnn ...

beeinflussen. Meiner wissenschaftlichen Überzeugung und meiner Lebenserfahrung nach sind Gefühle wie Liebe oder Hass nicht durch Indoktrination zu beeinflussen. Man kann aber lernen, mit ihnen umzugehen.

FRAGE: Eine der Figuren in den Geschichten zu diesem Buch, Madame Transistorian, erzählt davon, dass sie den Urlaub mit ihrem Mann folgendermaßen verbringt: Beide sind im gemeinsamen Ferienhaus und gehen den ganzen Tag alleine ihren bevorzugten Tätigkeiten nach. Am Abend treffen sie sich im Bett, rezitieren einander Gedichte — und trotz ihres fortgeschrittenen Alters wird dadurch manchmal die Leidenschaft wieder zum Leben erweckt ...

– Mein lieber Mutunus! Joël! Reißen Sie sich zusammen!
– Aber Ihre Geschichte, schnüff, war so ergreifend!
– Danke!
– Hätten Sie nicht noch eine, Sir, die Sie uns erzählen könnten?
– Aber natürlich! *Ready to rumble*, sage ich immer. Schon fällt mir etwas ein!
– Ja?
– Ja. Ich kannte meine Slavěna ja schon aus dem Kindergarten, aber dann war ich nach der Matura im Ausland etc. Und als ich sie dann endlich nach langer, langer Zeit wiedergesehen habe, das war noch vor unserer Verlobung, war ich naturgemäß – wenn Sie nur wüssten, wie sie da aussah, dieses gepunktete Kleid! – sofort verliebt in sie. Es war Frühling. Ich wollte ihr irgendwie imponieren und erzählte ihr, dass ich in einer Villa am Land wohnen würde, weil ich inzwischen bei der NASA Space-Shuttle-Ingenieur geworden sei und dass ich mir durchaus vorstellen könnte, mit ihr einen Ausflug in den Süden, nach Rom, Madrid, Miami, an die Côte d'Azur, auf die Bahamas o. Ä. zu unternehmen. Sie war sofort einverstanden. Ich schlug vor, dass ich sie in einer Woche zu der und der Zeit von zu Hause abholen würde. Auch damit war sie einverstanden, bestand aber fest darauf, vorher noch meine Villa zu besichtigen. Ich versuchte, sie

davon abzubringen, indem ich angab, dass die Besichtigung eines Anwesens wie des meinen mindestens einen ganzen Tag, wenn nicht mehr in Anspruch nehmen würde. Darüber freute sie sich offensichtlich und sagte, dass sie also in weniger als einer Woche zu der und der Zeit zu mir kommen würde, um einen Tag und eine Nacht zu bleiben und dann von meinem Heim aus mit einem meiner edlen Wägen nach dem Flughafen aufzubrechen. Was blieb mir anderes übrig als einzuwilligen?

Ich hatte also mehrere Probleme:

1. Borgt mir Bedřich seine Villa für zwei Tage? Vielleicht.

2. Borgt er mir auch einen Wagen? Eher nicht.

3. Borgt er mir auch Geld? Danach sollte ich lieber gar nicht fragen, das wäre auch nicht meine Art.

4. Wo zum Geier sollen wir hinfahren, dass es auch billig ist?

5. Dass ich so viele Punkte anzuführen imstande bin, beweist ganz offenbar eine heftige Leidenschaft.

GROEBEL: Das klingt natürlich gut. Aber ich bleibe trotzdem skeptisch, was die Frage des gemeinsam-getrennten Urlaubs betrifft. Sie bringen mich aber auf einen anderen wichtigen Punkt: den Humor. Es mag abgedroschen klingen, aber es gibt für seine positive Wirkung auch genug physiologische Beweise, im Sinne der Abfuhr von Affekten: Lachen entspannt, und gemeinsames Lachen ist – im Urlaub ebenso wie im Alltag – ein wesentlicher Ausdruck für eine gesunde Beziehung. So kann dann vielleicht sogar die Urlaubsvariante mit den getrennten Wegen funktionieren. Wenn man sich am Abend an der Bar, vielleicht mit roten Ohren, erzählen kann, was man untertags erlebt hat,

Tipp 8

Besuchen Sie gemeinsam heilige Orte, aber nicht mit gezückter Kamera. Verhalten Sie sich dort bewusst respektvoll. Lassen Sie diese Orte auf sich wirken und besinnen Sie sich dabei und danach auf die spirituelle Ebene Ihrer Beziehung.

Das mit der NASA war eine Notlüge, die ich nicht preisgeben wollte.

Ich hatte also zu Ende überlegt und ging in ein Last-Minute-Reisebüro, um mich nach erschwinglichen Flügen an die entferntesten und edelsten Orte dieser Erde zu erkundigen. In der für mich annehmbaren Preiskategorie kamen die schöne slowakische Stadt Košice sowie die Inseln Mallorca und Kreta in Frage. Ich entschied mich für Kreta.

Die Nacht verbrachte ich schlaflos, weil es mir erst am nächsten Tag endlich gelungen war, Bedřich telefonisch zu erreichen. Dass alles kein Problem sei, sagte er, und dass er das mit den Frauen bestens verstehe. Er werde noch vor dem Wochenende nach Neuseeland verreisen, und ich könne mir ohne Weiteres die Schlüssel für die Villa in seiner Klinik abholen. Mit den Autos sei das so eine Sache: den Jaguar werde er mitnehmen, der Maserati und der Tatra seien in der Werkstatt, und den Bentley könne er mir nicht borgen, weil der Chauffeur, der es nicht aushält, wenn jemand in seiner Abwesenheit den Wagen berührt, im Urlaub sei.

Ich jedenfalls war zufrieden.

Am ausgemachten Tag, zur festgesetzten Stunde, wartete ich auf meine Slavěna ungeduldig im Garten vor dem Haus.

– Und? Und? Ist sie gekommen? Hat sie das Haus gefunden?
– Aber natürlich hat sie das prächtige Anwesen gefunden, mein lieber Mutunus, so wie auch Ihre Julia Sie finden wird, wenn die Zeit reif ist. Wissen Sie, junger Mann, das ist die Liebe, die die Menschen zusammenführt, dass sie sich auch ja nicht verfehlen. Und es war meine genaue Beschreibung von Bedřichs Haus: Es ist das größte und schönste Gebäude im gesamten Ort, du wirst es nicht verfehlen, hatte ich meiner Slavěna gesagt. Und als sie da war, ich sage Ihnen, das war ein Sonnenaufgang! Ein überaus appetitliches gelbes Kleidchen, feine Schuhe, elegante Sonnenbrille, kokett hochgestecktes Haar, ein herrliches Parfum und eine handliche Reisetasche, eher eine Handtasche.
Sie sagte: Hallo. Da bin ich. Schönes Haus. Ich habe nicht so viel mit, wir kaufen die Kleidung dann dort, oder?
Und ich habe geantwortet: Ich habe den Plan ein bisschen geändert. Wir haben

und wenn man gemeinsam darüber lachen kann, dann wird jene Form von entspannter Zusammengehörigkeit hergestellt, die für einen gelungenen Urlaub als Paar Vorraussetzung ist. Wenn einander Madame Transistorian und ihr Mann nachts im Bett von ihren Erlebnissen untertags erzählen und dabei wenigstens einmal gemeinsam lachen – über dritte oder über sich selbst – dann entsteht Harmonie.

Tickets nach Kreta. Ich borge dir ein paar Pullover, und eine Zipfelmütze habe ich auch.
Sie sagte: Ist es dort im März so kalt?
Und ich: Ja. Aber schön wirds sein. Nicht so viele Leute.
Sie lachte und sagte: Gut. Oh! Was für ein schönes Auto!
Und ich: Äh, ja! Es ist ein Bentley. Aber ich habe den Chauffeur schon auf Urlaub geschickt. Er wollte seine Kinder sehen oder so. Wir werden den Autobus zum Flughafen nehmen.
Sie: Gut.
Und ich: Ja.
Und sie: Schöner Garten.
Ich: Danke. Komm, gehen wir hinein. Tee?
Sie: Gern.
Auf Kreta war dann alles wunderbar, obwohl es in der Tat sehr kalt war dort, besonders im Gebirge, und im Meer baden konnte man auch kaum. Wir waren dort wirklich glücklich, und verliebt waren wir auch, das kennen Sie ja, mein lieber Mutunus.

– Ich kenne das aber nicht ...
– Aber, Mr. Tutunus, Sie werden das auch noch ken-

Tipp 9
Zu hohe Erwartungen führen zu Enttäuschungen. Es wird nicht alles perfekt sein. Lassen Sie den Urlaub auf sich zukommen und nehmen Sie, was Sie kriegen können. Dann wird es mehr sein, als Sie denken.

nenlernen! Die Schmetterlinge im Bauch haben Sie ja schon. Wir haben dort jedenfalls viel photographiert, mit Slavěnas Photoapparat, die Bilder sind sehr hübsch geworden. Einige hat sie mir ein paar Tage nach unserer Rückkehr nach Prag als Überraschung zukommen lassen: Slavěna im eleganten Sommerkleid, Wollpullover und Zipfelmütze neben einer Platane in der Samaria-Schlucht. Slavěna im eleganten Sommerkleid, mit zwei Wollpullovern, einem Schal und einer Zipfelmütze in den Weißen Bergen. Ich im Pinienwald. Ein Orangenbaummast mit weißen Blüten und goldenen Früchten nebeneinander in der menschenleeren Pension. Ein blühender Kreta-Aaronstab und der Nickende Sauerklee. Knossos. Das venezianische Arkadi-Kloster im Ida-Gebirge. Der weiß blühende *astragalus angustifolius*. Ach!

Das Fortbewegungsmittel aber, das uns die Besichtigung all dieser Dinge und noch vieler weiterer ermöglichte, war ein alter, geliehener Fiat Panda

FRAGE: Welche Voraussetzungen kann man bewusst schaffen, um den Urlaub zu zweit – trotz all der erwähnten Fallstricke – zum Vergnügen zu machen?

GROEBEL: Die besten Urlaube sind wohl die, bei denen die Konstellation nicht zu sehr vorgegeben ist, bei denen alles drinnen ist. Es wird immer schwierig, wenn Dinge zu sehr, zu genau vereinbart werden müssen.

4x4 mit zuschaltbarem Allradantrieb: ein kleines, trotz seiner nur 50 PS lebendiges, 748 kg leichtes, bei Wüstenrennen bewährtes Kleinfahrzeug, das zu Slavěnas Freude über ein Stoffdach verfügte. Ich wählte es aber vor allem aus einem Grund: Es war der einzige Wagen mit einer Ölwanne aus Stahl.

– Ölwanne?

– Sie wissen nicht recht, was das ist, mein lieber Joël? Die Ölwanne schließt bei Verbrennungsmotoren unten das Kurbelgehäuse ab, worin sich die Kurbelwelle befindet, welche die lineare Bewegung der Zylinder in eine rotierende umwandelt. Und die Kurbelwelle braucht eben Öl. Und wenn im schwierigen Gelände, das ich bevorzuge, die Ölwanne ein Loch bekommt, rinnt das Öl aus und man wird gezwungen, die Fahrt abzubrechen. Üblicherweise wurden die Wannen damals aus Aluminium gefertigt, das leicht ist, aber spröde. Stahl ist elastischer. Also, aus diesem Grund habe ich mich für den alten Panda entschieden: Auf dem Weg vom nördlichen Ida-Gebirge in die Messara-Ebene wählte ich eine schmale Serpentinenstraße, die nach und nach immer schmäler wurde und wo nach einiger Zeit bis zu 80 cm hohe Felsstücke aus der Fahrbahn zu ragen begannen. Slavěna wurde unruhig. Nach zwei Stunden Fahrt durch die prächtige Landschaft (Zypressenwälder, wilde Ziegen, Bartgeier), kam uns eine schwarz gekleidete Greisin mit einem Esel entgegen. Sie stellte sich in den Weg und rief uns laut in einem dorischen Dialekt, den selbst unser Android Mr. Myago nicht verstehen würde, allerlei zu und gestikulierte mit ihrem Stock, dass dieser Weg für Esel geeignet sei, nicht aber für Kraftfahrzeuge. Slavěna war natürlich der Ansicht, dass wir sofort umkehren sollten. Nicht aber ich! Ich stieg aus und brachte die Greisin mit einiger Mühe dazu, den mit Brennholz beladenen Esel über den schmalen Wegrest am Auto vorbeizuführen. Sie verglich nun nicht mehr mein Fahrzeug, sondern mich selbst mit ihrem Lasttier. Ich verabschiedete mich höflich und fuhr davon.

Nach wenigen hundert Metern wurde der Weg noch schmäler und steiler. Die geraden Serpentinenabschnitte waren gleichsam in den Fels gehauene Stufen, die Wendungen zur nächstgelegenen Ebene waren schlicht der unbearbeitete Hang. Jeder kleinste Fehler hätte einen Sturz in einen zwar romantischen,

FRAGE: Was ist die Alternative zur Planung?

GROEBEL: Die besten Paarurlaube werden dort möglich, wo alles denkbar ist. Je nach Lust und Laune: Tage zu zweit, Tage, an denen man vielleicht einmal getrennte Wege geht; Wünsche erfüllen und sich Wünsche erfüllen lassen. Ein Urlaub, in dem jeden Tag aufs neue bestimmt werden kann, was unternommen wird und was nicht, wo Flexibilität herrscht – das halte ich für die beste Vorraussetzung für eine schöne, gemeinsam verbrachte Zeit; aber auch das kann nur funktionieren, wenn die Beziehung grundsätzlich in Ordnung ist.

aber doch immerhin mindestens 400 Meter tiefen Abgrund bedeutet!
Also verließ meine damalige Geliebte und jetzige für immer geliebte Gattin Slavěna das Fahrzeug an einer Stelle, wo dies einigermaßen gefahrlos möglich war, und rief: Du Trottel, du pubertärer! Willst du schon wieder angeben? Warst du schon im Kindergarten so? Musst du mich immer in Lebensgefahr bringen? Wenn du dich umbringen willst, dann tu das alleine! Affe! Esel! Ochse!
Und tatsächlich hing der Fiat schon bald mit den Vorderrädern über dem Klippenrand. Aber ein geschickt im richtigen Winkel zwischen einem Felsbrocken und dem vorderen Abschlepphaken gespanntes Seil, der Allradantrieb, mein gefühlvoller Umgang mit dem Gaspedal und nicht zuletzt die Ölwanne aus Stahl haben die Gefahr sehr bald gebannt. So ähnlich habe ich im Amazonenkrieg die *Bright-Breathless-Benedictinian* aus einem Asteroidenfeld gebracht.
Aber ich sage Ihnen: Es war ein gelungener Urlaub.
– Und, Sir, hat sie dann irgendwann erkannt, dass die Villa und der Bentley nicht Ihnen gehört haben?
– Natürlich, lieber Tutunus, natürlich. Aber sie hat es mir nicht unter die Nase gerieben. Was für eine Frau! Und was für hübsche Photos sie macht! Mr. Mutunus! Jetzt werden Sie nicht schon wieder sentimental! Der Brandy ist aus. Bitten Sie doch die sympathische Bardame um

ein neues Fass. Das wird Sie aufheitern, junger Freund.

– Gut. Ay, ay, Captain.

Aber Mr. Joël Mutunus kann diesen Befehl nicht ausführen. Die Bardame beginnt zu flackern und löst sich in waagrechten Streifen auf.

– Brücke an Captain! Brücke an Captain!

donnert Mr. Myagos Stimme laut, aber gewohnt emotionslos aus dem Funkgerät.

– Hier O'Nelly. Ich höre.

– Die Ashkansianer haben Warnschüsse abgegeben. Sie haben uns ultimativ aufgefordert, das gesamte weibliche Personal des Decks 22 auszuliefern. Bei Zuwiderhandeln werde die *Severian* zerstört.

– Was fällt denen ein? Niemals! Niemals!

– Aber Captain, Ihre Aufregung ist nicht logisch nachvollziehbar. Es ist doch nur holographisches Personal. Das ist reproduzierbar.

– War das Kritik an meinem Urteilsvermögen, Mr. Myago?

FRAGE: **Viele Ratgeber empfehlen aber „Contracting", also das Schließen von Verträgen miteinander.**

GROEBEL: Ich finde das schrecklich! Solche Ratgeber sind genauso grauenhaft wie die für Singles, die Frauen beibringen wollen, wie sie sich auf dem Single-Markt am besten positionieren und verkaufen können. Ich denke, dass in diesem Zusammenhang alles, was zu viel mit Geschäft oder mit Jura zu tun hat, als handle es sich um einen professionellen Akt, die Spontaneität killt.

– Keineswegs.
– Sehr gut. Legen Sie einen Lichtkanonenteppich, werfen Sie die magnetischen Bomben ab, feuern Sie eine Salve Torpedos und beginnen Sie die Ausweichmanöver. Alarmstufe Rot! Notruf auf allen Kanälen!
– Sehr wohl, Captain.
– Wir werden nur dann überleben, wenn wir die Geiseln behalten!
– Verstehe, Captain.
– Ich werde mich der Damen höchstpersönlich annehmen! Halten Sie mich auf dem Laufenden!

4. Wildes Hausschwein auf korsischen Steinen – O'Nelly unter Beschuss

– Meine Schmetterlinge! Meine Schmetterlinge!
– Ruhe bewahren, Tutunus! Madame, noch ein Fass, bitte! Der Herr hat es nötig. Und ändern Sie bitte auch die Umgebung: eine saftige Wiese wäre angemessen, und eine Quelle im Platanenschatten mit singenden Wassernixen darin!
– Meine Julia! Meine Julia! Wo bist du? Hunderte von Lichtjahren entfernt in der Düsternis des Alls! Und ich hier, allein ... in noch größerer Düsternis, ach!
– Mr. Mutunus!
– Ach!

– Joël! Reißen Sie sich zusammen! Hätten Sie lieber Ihre Angebetete hier? Was? Wünschen Sie ihr dieselbe Gefahr, die hier z. B. der tüchtigen Bardame Madame Transistorian droht?
– Natürlich nicht, Sir, fffffgnff …
– Sie sind ein guter Mann. Ich bin einmal mit meiner angebeteten, liebenswerten Slavĕna in eine ähnlich unangenehme Situation geraten, wie die es ist, in der wir uns gerade befinden! Wir waren auf Korsika, auf jener nicht weniger wilden als wunderschönen Insel. Dort wurden wir eines lauen Morgens von der Landschaft aus verwitterten Quarzporphyrgebilden, die durch ihre teilweise sehr weichen Formen der menschlichen Anatomie zum Liegen bestens angepasst und durch ihre grellrote Farbe auch für das Auge anziehend waren, dermaßen erregt, dass wir beschlossen, uns sofort auszuziehen und es im Schatten eines Edelkastanienbaumes den wilden Tieren gleichzutun. Slavĕna gefiels, darf ich behaupten.

FRAGE: Gibt es so etwas wie die ideale Urlaubslänge?

GROEBEL: Ideal ist der Zeitraum, den die Partner brauchen, um tatsächlich zu regenerieren. Ein Urlaub, gerade ein Paarurlaub, sollte ja eigentlich der Entspannung dienen. Stattdessen erhöht er den Stress aber häufig, weil zu viel erwartet wird und Beziehung eben auch Arbeit bedeuten kann. Der ideale Urlaub, da bin ich ganz radikal, fängt aber immer mit den Bedürfnissen des einzelnen Menschen an. Nur wenn jeder der Partner sein Bedürfnis nach Regeneration befriedigen kann, können sich beide gemeinsam erholen, womit sie eine Chance auf einen harmonischen Urlaub haben.

Tipp 10
Wenn der Stress wegfällt und sich Entspannung einstellt, wird der Sex vor allem für Frauen besser. Sie können dann erwiesenermaßen im Urlaub bessere Orgasmen haben. Nutzen Sie das aus, indem Sie Zeit unverplant lassen.

Zum Zeitpunkt der höchsten gemeinsamen Lust aber vernahm ich einen Knall, den ich zuerst für eine hormonbedingte Sinnestäuschung hielt. Erst beim zweiten Knall, als eine Herde ausgewilderter Hausschweine an uns vorbeieilte und die blutrote Farbe des Porphyrs, auf dem wir uns vergnügten, durch Tropfen tatsächlichen Blutes eines der Schweine intensiviert wurde, erkannte ich, dass es sich bei diesem Knallen um Gewehrschüsse handeln musste. Weitere Kugeln zischten über unsere Köpfe hinweg. Schweinehufschlag, Quieken, Rufe der Jäger, Kugeleinschläge im Gestein um uns, stürzende Leiber der Schweine! Ich bewog Slavěna dazu, sich in eines der von schützender Ablagerungsrinde umgebenen, tiefen Witterungslöcher zu verstecken und sprang selbst heldenhaft mit weithin sichtbarer Blöße auf, um die Einstellung des Feuers zu bewirken, was mir, nachdem mir einer der letzten Schüsse die Stirnlocke frisiert hatte, auch gelang.

So. Jetzt bin ich aber schon ziemlich betrunken.

– Wir auch.

– Das sieht man.

– Erzählen Sie weiter! Bitte, bitte! Was haben Sie dort noch Spannendes erlebt?

– Naja, zum Beispiel das: Dort auf Korsika war es das erste Mal, dass wir den Vorteil meines französischen Kleinbusses der Marke Citroën genossen, nämlich, dass man darin auch übernachten kann (wir waren mit der Fähre auf die Insel gelangt). Und einmal kamen wir in ein malerisches Gebirgsdorf und die kleinen, über die steinigen Hänge verteilten Häuser mit bröckelnder Fassade, die braun gebrannten korsischen Landleute mit dichtem Haupthaar und die pulsierende Hitze erregten meine Slavěna so, dass sie sofort den von zusätzlichen Sitzen leer geräumten Laderaum des Autos als romantisches Lager zu nutzen verlangte. Ja, wir gaben uns auf dieser Reise bestimmt in einem größeren Ausmaß den leiblichen Freuden hin als zu Hause. Tatsächlich musste ich schon bald erkennen, dass der Kleinbus sehr weich gefedert war und also durch sein Schwingen und Wippen ziemlich eindeutig verriet, was in ihm vor sich ging. Das wusste meine Slavěna, so nehme ich an, ebenfalls

(Eine Kellnerin verneint Ondrej Cikáns Frage, ob hier geraucht werden dürfe. Groebel meint: In der russischen Botschaft gleich hier ums Eck darf man rauchen. Da hätten wir das Ganze bei Wodka und Kaviar besprechen können …)

GROEBEL: Angesichts all der besprochenen Gefahren ist es vielleicht vernünftiger, mit dem oder der Geliebten Urlaub zu machen. Da ist das Risiko einer Ehescheidung nicht so groß (*lacht*).

sehr gut, und ich denke jetzt, dass es ihr große Freude bereitete, sich die angesichts solcher Bewegung eines Kraftfahrzeuges erstaunten, braun gebrannten Gesichter der korsischen Waldarbeiter vorzustellen.
Einmal hatten wir dort auch einen lustigen Streit, dessen Verlauf ich nicht im Detail darlegen werde, aber immerhin so viel: Es ging darum, inwieweit es Menschenpflicht ist, auch in der Wildnis das ausgeschiedene Häufchen mit Erde und laubichten Zweigen so zu bedecken, als ob an dieser Stelle niemals eins ausgeschieden worden wäre. Ich war nämlich der Ansicht, dass in einer funktionierenden Beziehung jedes noch so delikate Thema angesprochen werden darf. Slavěna teilte diese meine Ansicht nicht, zeigte sich über meine Äußerungen zutiefst frappiert und in ihrer intimsten Sphäre verletzt und sie hielt mir einen längeren Vortrag darüber, welche Dinge einer Dame gegenüber auch nicht nebenbei erwähnt werden dürfen, wenn man sie nicht beleidigen will.
Mit den Worten, dass ich mir die durch ihre Fahrlässigkeit entstandene Verunreinigung an der Schuhsohle an der duftenden Lavendel-Myrte-Wiese abstreifen werde, verließ ich das Auto und begann einen ausgedehnten Spaziergang in ein von wucherndem Ginster bedecktes Tal, um mich unter korsischen Gebirgsmolchen und den stacheligen Mauergeckos durch fernöstliche Atemübungen zu beruhigen.

Als ich mich gerade im sogenannten Straußenei-Kopfstand befand, brachte mich hektisches Hupen und lautes Rufen meines Namens zu Fall. Ich richtete mich auf und ging den Hang hinauf zum Auto zurück.

Eine Herde halbwilder Hausschweine hatte das Auto umzingelt. Es waren mindestens fünfzig und mit jedem Hupen kamen weitere dazu.

Einige lehnten mit den Vorderhufen am Fensterglas, manche gruben sich mit den Rüsseln in die steinige Erde unter dem Fahrgestell, andere wieder sprangen sich gegenseitig auf die borstigen Rücken und versuchten auf diese Weise, das Autodach zu erklimmen, was zweien auch tatsächlich gelang, wenngleich sie durch ihre hastigen Bewegungen bald quiekend wieder hinunterfielen.

Ich lachte, nahm einen Stock zur Hand und schlug auf die Schweine ein, um mich zum Wagen und zu Slavěna durchzukämpfen. Ergebnislos. Auch das Ziehen an den haarigen Ohren und

FRAGE: Zum Abschluss: Ist es für jüngere oder für ältere Paare einfacher, gemeinsam auf Urlaub zu fahren?

GROEBEL: Es hängt wohl mehr vom Alter der Beziehung als vom Alter der einzelnen Partner ab. Sehr junge Beziehungen haben, im Urlaub und anderswo, den großen Vorteil, dass sie mit frischem Verliebtsein zu tun haben. Das ist natürlich immer ein besonderer Zustand. Sehr lang dauernde Beziehungen haben meistens schon viele Schwierigkeiten und Konflikte überlebt und können auf ein besonderes Maß an Festigkeit bauen. Schwieriger ist es mit Sicherheit im Bereich dazwischen. In mehreren Studien wurde übrigens die „natürli-

den geringelten Schwänzen zeigte keine Wirkung. Es halfen erst ungefähr pferdekopfgroße Felsbrocken. Ich warf, die Tiere flüchteten nach den Seiten und es bildete sich ein Kreis, den ich sofort betrat, um den Stein wieder aufzuheben und abermals zu werfen. So erreichte ich also das Auto, stieg ein, fuhr los und demonstrierte den Schweinen durch hohes Tempo meine Rücksichtslosigkeit, sodass sie ihre Schlachtordnung auflösten und in der ungeordneten Flucht nach allen Richtungen ihre Rettung suchten. Durch eben solches Verhalten, meine Herren, habe ich mir damals mit der *Bright-Breathless-Benedictinian* den goldenen Löwenzahn-Orden und eine schriftliche Ehrung durch die sternenföderale Admiralität verdient.

– Oh!

– Und dann unternahmen wir einmal einen Spaziergang. Slavěna ging brav auf dem markierten Weg, ich aber zog es natürlich vor, gleich einer Bergziege über die glatten, verwitterten Steine – deren Aushöhlungen, nebenbei gesagt, *Tafoni* genannt werden – zu springen. Ich fühlte mich frei! Frei, mein lieber Tutunus, frei von allen niedrigen körperlichen Beschwerden! Frei, mein lieber Mutunus, wie man es einzig und allein im glücklich verliebten Zustand werden kann, in dem es aber dennoch gelingt, den eigenen Vorstellungen von erfüllendem Zeitvertreib nachzukommen! Aber ich rutschte mit dem einen Fuß aus, stolperte mit dem anderen über einen Verwitterungsrindenwulst, fiel mit dem einen in eines der metertiefen Löcher, wobei ich mich mit dem anderen an einer scharfen Kante verfing. Als ich mich aus dem Loch befreit hatte, erkannte ich, dass der eine Fuß seitwärts im rechten Winkel zum Bein stand. Oder war es der andere? Der rechte? Linke? Ist auch egal, jedenfalls dachte ich mir, dass ich mir wohl den Knöchel ausgerenkt hatte und drückte den Fuß wieder in seine natürliche Stellung zurück. Dann humpelte ich zu Slavěna auf den Weg. Als ich dort angekommen war, überfielen mich heftige Schmerzen, und ich wurde kurz ohnmächtig. Meine Slavěna, eine verantwortungsvolle Frau, hatte eine Medikamententasche bei sich und verabreichte mir sofort starke Analgetika, solche, die heute die Piloten kleiner Jagdschiffe verwenden, wenn sie an einer Galaxiegrenze auf 100-fache Lichtgeschwindigkeit beschleunigen.

Irgendwie kamen wir dann zum Auto zurück. Slavěna fluchte. Und dann

che" Beziehungsdauer eruiert, und das Ergebnis liegt meistens bei ungefähr vier Jahren. Die schwierigste Zeit für den Paarurlaub käme demnach also etwa nach vier Jahren.

plötzlich war da ein Mann auf einem Moped und der redete etwas und untersuchte meinen Fuß. Mir war schwindlig. Slavěna schimpfte: Immer machst du alles kaputt! Du Wrack, du debiles! Trottel du, war der Urlaub dir zu schön? Du Affe, Wildschwein! Ein Mensch wäre auf dem Weg gegangen! etc.
Dann waren wir in der einzigen größeren Stadt – 6.000 Einwohner – im korsischen Gebirge: in Corte. Ich sah die beeindruckende Zitadelle auf dem schroffen Felsen, wo sich der aufgeklärte Herrscher des unabhängigen Korsika, Pascal Paoli, der Gründer der bis jetzt einzigen korsischen Universität, Ende des 18. Jahrhunderts von französischen Truppen bedrängt verschanzt hatte. Dann war ich in der Notaufnahme und der Arzt sagte, dass wir wohl einen Hubschrauber benötigen würden, dass das ein komplizierter Bruch sei, und dass man das wohl in einem größeren Spital zusammenschrauben werde müssen. Ich hatte aber kurz davor mit Bedřich, dem plastischen Chirurgen telefoniert, und der hatte gesagt: Lass dir um Gottes Willen keine Schrauben hineingeben! Die Franzosen verwenden ganz andere Schlüssel als wir und der ganze Rest

Tipp 11
Wenn Sie Vertrautes aufgeben, bekommt Ihre Beziehung neue Perspektiven. Lockern Sie die Tagesabläufe auf, ernähren Sie sich lokal, buchen Sie nicht alles pauschal, manchmal braucht man auch ein Abenteuer. Die Wahl des Verkehrsmittels gehört auch dazu.

der Welt. Ich hatte einmal einen Patienten schon im Operationssaal aufgeschnitten, da hab ich die französischen Schrauben gesehen, also haben wir ihn wieder zugenäht und in Frankreich angerufen, dass sie uns die Schlüssel schicken sollen.
Deswegen sagte ich zum Arzt, dass ich doch lieber nur einen Gips hätte. Also borgte man mir Krücken und schickte mich in den Warteraum. Dort waren viele, viele braun gebrannte Waldarbeiter mit abgeschnittenen Fingern, durchgehackten Kniescheiben, angesägten Oberschenkeln. Slavěna war beeindruckt und hörte kurz zu schimpfen auf. Diese Aufgabe übernahm ich dann nach ca. zwei Stunden, als ich versuchte, auf dem spiegelglatten Kachelboden zur Toilette zu gelangen. Die Krücken rutschten mir nach den Seiten weg, und ich fiel flach auf den Rücken. Die Worte verstanden die Schwestern zwar nicht, die gelaufen kamen, aber ihr Klang musste sie doch ziemlich erschreckt haben, weil ich sofort an die

Tipp 12

Fassen Sie Mut und gehen Sie vor Ihrem gemeinsamen Urlaub einfach zu einer Paarberatung. Im Urlaub selbst können Sie die veränderte Stimmung dann nutzen und weiter entwickeln. Informieren Sie sich über kostenlose Paarberatungen.

Reihe genommen wurde. Immerhin: Den Urlaub brachen wir nicht ab.

– Armer Captain.

– Danke für Ihr Mitgefühl, Mr. Tutunus. Aber schlimmer als die Verletzung war die Tatsache, dass ich die Krücken zurückgeben musste und so schnell keine neuen aufzutreiben waren: Slavěna nutzte meine daraus resultierende Bewegungsunfähigkeit schamlos aus: Da sitz! Das iss! Hier lieg! Jetzt schlaf!

Diese Dominanz umzukehren gelang mir in einer unbeobachteten Minute auf einem Strand, indem ich mir selbst Krücken aus Eukalyptusästen schnitzte, oder was das für ein Baum war. Ab da gab ich die Befehle! Und meine Lieblingsbeschäftigung war, mich von ihr auf einer Matratze im Meer herumführen zu lassen, wobei sie natürlich auch meinen Gips zu halten hatte, damit er nicht nass werden konnte.

Auf dem Heimweg saß zuerst Slavěna am Steuer. Aber ihr Fahrstil sagte mir naturgemäß nicht zu, also vertrieb ich sie bald auf den Beifahrersitz und übernahm selbst. In Nizza blieb mir dann das Gaspedal im Gips stecken, sodass ich, ohne bremsen zu können, über zwei Kreuzungen fuhr.

– Und ließen Sie dann Slavěna wieder fahren?
– Selbstverständlich nicht! Ich bin selbst im behinderten Zustand ein Mann der Motoren! Und ich habe meiner Frau natürlich nicht verraten, warum wir ohne Rücksicht auf den Vorrang zahlreicher anderer Verkehrsteilnehmer weiterrasten. Ich sagte, dass mir nie Fehler unterlaufen würden, dass ich schon lange niemanden hupen gehört hätte usf.
Über ein nicht vertuschbares Missgeschick konnte Slavěna erst später in Norwegen triumphieren: Wir waren mit den Kindern mit einem kleinen Motorboot zum Fischen aufs Meer hinausgefahren, und drei Kilometer vom Ufer entfernt ist plötzlich der Motor abgestorben. Ich zog ungefähr 20-mal erfolglos an der Startleine. Sie können sich schon vorstellen, was das ist?
– Ja.
– Und als sie sich nicht mehr selbsttätig aufwickeln wollte, beschloss ich, den Motor aufzumachen. Das hätte ich lie-

„Der Urlaub ist eine Prüfung“

Ortswechsel nach Wien in eine feudale Villa im Stadtteil Döbling. Österreichs prominenteste Expertin in Sachen Liebe, die Psychotherapeutin Gerti Senger, erzählt zum Einstieg, dass ein indischer Architekt einst das Gebäude entwarf. Zwei riesige Rundbogenfenster im Salon, aus dem sie gerade ihren Mann hinauskomplimentiert hat, zeugen davon. Die Anordnung der Möbel macht den Raum zu einem Tempel der Kommunikation, ganz wie es Sengers Fach entspricht.

ber nicht tun sollen! Die Schwungfeder, die für das Einziehen der Leine zuständig ist, ist mir hinausgesprungen, flog einige Meter durch die knusprige Seeluft dem Äther entgegen und verschwand in der wogenden Flut.
– Oh, Captain, das haben Sie schön formuliert.
– Danke. Ein Gewitter zog heran. Es wehte starker Wind vom Land. Es wäre unmöglich gewesen, das Ufer rudernd zu erreichen. Schließlich hat uns dann ein Fischer gerettet.

5. Prezisionsdrehmaschine im slowakischen Paradies – Violette Pilze

Cpt. Geronimo O. O'Nelly vernimmt ein sonderbares Geräusch an der Heckaußenwand des Raumschiffs und das, obwohl er sich am holographischen Deck Nr. 22 eher in Speiseröhrennähe der gewaltigen *Saint-Sussex-Severian* alias *Schwimmender Elch* befindet. Sofort bedeutet er den singenden Wassernixen in der Quelle zu schweigen. Und abermals jenes sonderbare Geräusch und ein kurzfristiges Aussetzen des Gravitationssimulators. Den Midshipmen hebt es die Schuhsohlen vom Boden.
– Captain an Brücke! Mr. Myago! Kontrollieren Sie sofort die Heckgegend, und setzen Sie die Außenwand unter Schmorstrom! Wenn ich mich nicht irre, unternehmen

die kühnen Ashkansianer gerade einen Versuch, unsere stolze *Dreadnought* achtern zu entern!

Der Befehl wird ausgeführt. Die Ashkansianer, die ihre Lebensenergie vor allem von Sternenlicht beziehen, sind zwar gegen Vakuum weitgehend unempfindlich, nicht aber gegen die Auswirkungen des verderblichen Schmorstroms! Mit verbrannten Schwimmhäuten lassen sie die Enterseile los und verdichten mit ihren sich auf einzelne Kohlen-Wasserstoff-Moleküle zerlegenden Leibern den unendlichen Weltraumnebel.

– Meine Herren,

sagt der wackere Captain,

– Sie werden jetzt G. O. O'Nelly alias J. Žíněnka in Aktion erleben! Sagen Sie den Wassernixen Adieu, bedanken Sie sich bei Madame Transistorian, nehmen Sie einen letzten Zug holographischen Tabaks und folgen Sie mir auf die Brücke!

Der durch das unabhängige Psilium-Arsen-Aggregat betriebene Hochge-

FRAGE: Frau Senger, was macht Urlaub für Paare eigentlich so schwierig?

SENGER: Man ist plötzlich auf einander bezogen, während es der Alltag erlaubt, einander zumindest seelisch auszuweichen. Sonst geht es darum, wer die Kinder zum Flötespielen bringt, welche Einladung man annimmt, ob man am Abend noch ins Fitnesscenter geht usw. So lässt sich Urlaub vermeiden.

FRAGE: Nicht aber im Urlaub.

SENGER: Genau. Und dann wird plötzlich klar, dass es nur noch wenig oder gar keine Nähe mehr gibt. Das ist umso schwieriger, als man ausgerechnet an

schwindigkeitsaufzug setzt sich in Bewegung, und nach wenigen Sekunden öffnet sich die automatische Tür zur Brücke. O'Nelly streicht sich die Locke zurecht, wirft den Schnurrbart zurück und ruft in den Raum, bevor er sich in seinen gepolsterten Kapitänssessel setzt:

– Lagebericht!

Scheint es LCdr. Francesco di Spila nur so, oder glänzt der Löwenzahn-Orden auf der Kautschukuniform des Captains wirklich heller als sonst, jetzt, wo es gilt, die höchste Errungenschaft der allwissenden sternenföderalen Schiffkonstrukteure, das in den kühlen Weltraumnächten wärmende holographische Personal zu beschirmen? Jetzt, wo der Feind nicht mehr nur droht, sondern doch tatsächlich die Frechheit besitzt, einen handfesten Enterversuch zu unternehmen?

– *Adesso mi piace il mio capitano ...*

murmelt er, den endlich erwachten Tatendrang O'Nellys bewundernd.

– Captain! Alle unsere Notrufe blieben unbeantwortet. Bislang kein feindliches Feuer. Keine Gefechtsschäden. Aber neben den Bewegungs- und Wärmesensoren

Tipp 13

Wecken Sie Ihre bessere Hälfte mit einer liebevollen Idee! Der Tag kann mit einer Streicheleinheit, einer Blume, einem Fruchtcocktail oder mit einem kleinen Geschenk, das sie am Vortag heimlich erstanden haben, beginnen.

sind nebelbedingt nun auch das Elliptoiden-Ebenen-Radar und somit auch die automatische Kursberechnung ausgefallen. Wir sind also auf meine zweifellos überragenden Fähigkeiten der Sichtnavigation angewiesen.
– Danke, Mr. Myago!
Der Captain lehnt sich angespannt vor und fixiert die regenbogenfarbene Nebelfläche auf dem panoramafensterähnlichen Bildschirm:
– Bei dieser Sicht, mein lieber, unentbehrlicher Android, werden uns selbst Ihre Fähigkeiten nur wenig von Nutzen sein ...
Er klopft mit den Fingern auf die numerische Tastatur auf seiner Armlehne und überlegt, bis ihm die zündende Idee kommt:
– Mr. Mutunus? Können Sie sich an diese eine Textpassage in dem überaus melodischen Lied der Wassernixen erinnern?
– An welche?
– An die, wo es hieß:
Bergfichte im Wind und Brust,

die Ausnahmesituation Urlaub sehr hohe Erwartungen knüpft: Das werden sich alle meine Alltagswünsche erfüllen, ich werde glücklich, unbeschwert und sinnlich sein und mich selbst und den anderen spüren. Das sind alles ganz elementare Bedürfnisse.

FRAGE: Und es gibt keine Ausflüchte mehr.

SENGER: Außer man lässt sich im Urlaub erst recht wieder mit einem kompletten Programm zuschütten: Sie macht vormittags Wasseraerobic, und er geht reiten, zu Mittag isst man an einem Tisch mit acht Leuten, und am Nachmittag geht man wieder getrennter Wege. So bleibt nur noch die Nacht zu bewältigen.

Tipp 14
Bei jedem Paarurlaub rückt die Beziehung in den Mittelpunkt. Wenn Sie es zulassen, führt das zur Entspannung, wenn Sie es verdrängen, entsteht Stress. Sagen Sie: So, jetzt sitzen wir uns gegenüber und ich sage dir, was ich bei dir sehe.

Du siehst durch die Brille und siehst:
Brust im Flugzeugfensterglas,
Nur ein Schenkel, sechzig, dreißig …

Und dann kam die instrumentale Brücke mit diesem wunderbaren *hm, hm, tatapata, patatatam*! Erinnern Sie sich?

– Nein, Captain.

– Macht nichts. Mr. Di Spila: neuer Kurs 138/307.

– Aber *signore*! Was hat 60, 30 mit 138/307 zu tun?

– Schenkel, 60, 30 ist die 7, mein lieber Di Spila. Die Hälfte eines gleichseitigen Dreiecks, also ein rechtwinkeliges Dreieck mit den Winkeln von 60 und 30 Grad (die 90 Grad zwischen An- und Gegenkathete verstehen sich von selbst), und mit eben nur einem Schenkel! Oder sieht die 7 etwa nicht so aus? Die Bergfichte im Wind ist die 1, die Brust natürlich die 3, die Brille die 8 und das Fensterglas ist die 0. Lesen Sie nicht Karel Čapek, Erde, 20. Jahrhundert? Nein? Sollten Sie aber! Jetzt geben Sie aber den Kurs ein! Wir fliegen parallel zum Nebelrand und besehen die feindliche Flotte, die sich bestimmt in großer Stärke um den Nebel herum versammelt hat! Und jetzt den Schlachtruf: *Ready to rumble!*

– Ay, ay, Captain! Ready to rumble!

Plötzliche Erschütterung. Mr. Jacobus Tutunus hat sich zusätzlich zu seinen anderen Beschwerden bei seinem Sturz nun auch einen Schneidezahn am Armaturenbrett ausgeschlagen und zittert nervös.

– Was ist da los, Myago?

– Das war der Asteroid MF7986/98A, wir sind mit ihm kollidiert.

Und Di Spila, dessen Bewunderung in beleidigende Kritik umgeschlagen hat, murmelt:

– Das kommt davon, dass er sich die Kurse von irgendwelchen *bagascie* eingeben lässt!

– Ruhe, Zweiter Offizier! Kurs halten! Myago, den Schadensbericht!

Myago tippt auf der eineinhalb mal zwei Meter großen Tastatur und erkennt:

– Es ist die Ölwanne, Captain. Der Reparaturroboterarm ist schon unterwegs, um sie zu flicken!

– Ausgezeichnet! Die Ölwanne, die Ölwanne. Lassen Sie mich zu diesem Thema noch eine kurze Geschichte erzählen! Mutunus, Tutunus:

FRAGE: Keine verlockenden Szenarien.

SENGER: Solche Muster tauchen ja auch nur dann auf, wenn eine Beziehung schon ein bisschen entleert und verbraucht ist.

FRAGE: Die Mehrheit der längeren Beziehungen ist wohl ein bisschen verbraucht.

SENGER: Gute Frage. Ich glaube, wir stehen hier an einer Wende. Es besteht wieder ein Bedürfnis nach tiefen Beziehungen. Was in den vergangenen Jahren empfohlen wurde, lief ja stark auf flache Beziehungen hinaus: viel Action, viel Neues, viele Kontakte, raus, raus, raus. Jetzt ist wieder eher die Rückkehr zur Basis angesagt. Tiefe Beziehungen sind auch nötig, um stabil glücklich

– Au fein!

– Also, das war unser erster Ausflug mit den Kindern in alpines Gelände, genauer gesagt in denjenigen Teil des zu den Westkarpaten gehörenden slowakischen Erzgebirges, der auch Slowakisches Paradies genannt wird. Wir kletterten dort über spektakuläre Steige mit schwierigen Felsquerungen und frei stehenden Leitern über rauschenden Wasserfällen. Die Kinder wurden mit Sitzgurten gesichert. Das hatten wir zu Hause am Dachboden geübt. Wenn jemand Angst hatte, wurde er von mir mit einem Seil den Felsen hinaufgezogen oder hinabgelassen. Irgendwann sind mir dann natürlich alle sündteuren Riemen, Gurte, Karabiner, Helme etc. in einen Wasserfalllauf gefallen, und ich musste dann den ganzen Nachmittag lang unterm Wasserfall tauchen, um das alles wieder herauszufischen, was auch gelang und so die aufregende Expedition nicht gefährdet wurde. Erst als die Ölwanne unseres Kleinbusses der Marke Citroën gegen einen aus der Fahrbahn ragenden Stein schlug und aufriss, saßen wir in der Bredouille.

Etwas Ähnliches war einmal auch Bedřichs Chauffeur in Südböhmen mit dem Bentley passiert: Er konnte die Wanne mit zwei Blechplatten und einer Schraube mit Flügelmutter provisorisch abdichten. Das war in unserem Fall nicht möglich, weil der Riss von der vorderen Kante der Wanne bis zur hinteren reichte. Es blieb also nichts anderes übrig, als den Pannendienst zu rufen. Aber etwas wie den ISKRBOPIC (Interstelarer Kleinraumbootpiloten-club, *Anmerkung*) gab es zu der Zeit in der Slowakei noch nicht. Also bekam ich immer neue und neue Telefonnummern, bis ich einen Herrn Namens Majkut erreichte, der dann mit einem aufgemotzten, mattschwarzlackierten deutschen Kraftfahrzeug der Marke Audi kam und ankündigte, dass er uns in seine Werkstatt abschleppen werde. Ich versicherte meiner Slavěna, dass der Schaden bald behoben sein werde etc., auch wenn ich dem selbst nicht so recht Glauben schenken konnte. Sie entgegnete das Übliche.

Das Dorf war typisch für die Gegend: Durch seine Mitte floss ein schmaler Bach. Auf der einen Seite des Baches wohnten die Slowaken, auf der anderen in kleinen, aus allem Möglichen gezimmerten Hütten die Zigeuner. Sie müssen wissen, dass die nomadischen Volksgruppen der Zigeuner, die heute ja auf allen Planeten der Sternenföderati-

zu sein.

FRAGE: Wie sieht das Urlaubsszenario für eine gesunde Beziehung aus?

SENGER: In dem Fall ist der Urlaub eine Verjüngungskur und eine Kraftquelle. Man kann endlich loslassen und einander frei von den Alltagssorgen wahrnehmen, optisch wie seelisch. Man kann den anderen plötzlich auch in der Rolle des sportlichen Surfers sehen, in der des ausdauernden Schwimmers oder in der eines gewandten Bergführers ...

on nicht nur für ihre berauschende Musik, sondern auch für ihre herausragenden Fähigkeiten im Raumschiffbau bestens bekannt sind, damals meistens sehr arm und wegen ihrer aufbrausenden Art bei der sesshaften Bevölkerung oft unbeliebt waren.
Als Herr Majkut und ich meinen Kleinbus in die Werkstatt schoben, die eigentlich eine größere Scheune war, und als ich die vielen, auf ihre teilweise rostigen Einzelteile zerlegten Autos sah, bekam ich fast Angst. Majkut kroch unter das Fahrgestell in die nicht allzu tiefe Werkstattgrube, um sich den Riss anzusehen. Slavěna setzte sich mit den Kindern auf eine Holzbank und sah zu. Ich kratzte mich am Kopf. Majkut kroch wieder hervor und sagte zu Slavěna: Möchten Sie nicht vielleicht einen Tee oder so?
Sie antwortete: Nein, danke, der Schaden wird ja schon bald wieder behoben sein, nicht?
Majkut kroch in die Grube zurück. Einige Zeit verging.
Slavěna schnippisch: Nicht wahr, Jarolím? Der Schaden wird bald behoben sein, hast du gesagt!
Ja, antwortete ich und kroch zu Majkut unter das Fahrgestell.

Tipp 15
Sorgen Sie dafür, dass der Urlaub kein Vorwurfskongress wird. Formulieren Sie Wünsche als Fragen. Statt: Muss deine Mutter immer sonntags bei uns essen?, zum Beispiel: Was hältst du davon, wenn wir uns jeden zweiten Sonntag für uns nehmen?

Dort erfuhr ich, dass er früher Rallye-Fahrer gewesen war und die Werkstatt jetzt nur noch zum Spaß betrieb, weil er schnelle Autos mochte und es billiger und unterhaltsamer war, sich selbst einen Rennwagen zusammenzubauen als einen fertig zu kaufen.
Majkut ergänzte: Aber Nummerntafeln brauche ich nicht, ich scheiße nämlich aufs System, und Polizei gibt es hier sowieso keine. Du, Jarolím, deine Frau, sie sieht immer noch zu? Ich kann so verdammt noch mal nicht arbeiten, hat sie nicht Hunger? Die Kinder, haben sie nicht Hunger oder Durst?
Wir krochen wieder hervor, Majkut zuerst, dann ich.
Slavěna keift: Na, seid ihr schon fertig?
Majkut höflich: Verzeihung, Frau Žíněnková, haben Sie nicht Hunger? Es gibt Ente. Und Guglhupf gibt es mit Kaffee. Und für die Kinder Apfelsaft?
Slavěna, ohne sich von der niedrigen Holzbank zu erheben: Das wird nicht nötig sein, mein Mann hat ja gesagt,

FRAGE: Frauenträume.

SENGER: Es sind auch Männerträume. Man kann einander im Urlaub auch Fragen stellen. Das wird im Alltag auch in lebendigen Beziehungen oft vermieden. Da lässt man ein Thema lieber aus, weil es schon Mitternacht ist und man morgen früh aufstehen muss. Der Urlaub kann so auch eine Zeit der Antworten sein und natürlich auch eine der Sinnlichkeit. Paare sollten sich solche Inseln ganz bewusst regelmäßig schaffen.

dass der Schaden in ein, zwei Stunden behoben sein wird!
Majkut: Ihr Mann hat sich geirrt. Es wird schon ein paar Tage in Anspruch nehmen. Die Wanne muss gewechselt werden, denke ich. Ich bringe Sie gerne zur Bahn, wenn Sie möchten. Aber würden Sie vorher gerne etwas essen?
Slavěna sah mich grimmig an: Nein, wir fahren sofort! Kommt, Kinder, wir gehen.
So verbrachte ich also den Rest des Urlaubs bei Majkut alleine. Es zeigte sich, dass er in dem Haus mit seiner wunderschönen, schwarzäugigen Tochter wohnte. Sie war Anfang zwanzig und mit einem körperlich wie geistig schwerfälligen Nussschädel verheiratet. Der wohnte auch dort. Und der sollte Majkut bei der Reparaturarbeit unterstützen, was ihm unmöglich war, da er einen Franzosen von einem Schraubenzieher nicht unterscheiden konnte. Also half ich. Wie man ein Kraftfahrzeug auseinandernimmt, wusste ich noch aus meiner Jugend, weil das die Lieblingsbeschäftigung meines Vaters war. Majkut nahm von mir das Werkzeug entgegen und rief immer wieder liegend aus der Werkstattgrube heraus: Das ist mal ein Mechaniker! So einen bräuchte ich hier als Schwiegersohn! Nicht dich!
Und die wunderschöne Tochter brachte die Jause.
Ich wurde wirklich sehr freundlich bei der Familie aufgenommen, hin und wieder deutete Majkut sogar an, dass er

eine Scheidung seiner Tochter bewirken könne, wobei ich so tat, als würde ich seine Andeutungen nicht verstehen.

Überhaupt war es dort lustig: Einmal, im Morgengrauen, kam ein Zigeuner über den Bach, machte sich selbst Majkuts Gartentor auf, ging zum Haus und nahm sich die Mähmaschine mit. Ich erzählte meinem Gastwirt beim Frühstück, was ich gesehen hatte, und der sagte nur: Jaja, das war der Feri. Der kommt manchmal und borgt sich was aus, mal die Mähmaschine, mal die Kreissäge, mal das Moped. Er bringt es dann auch wieder zurück. Weit würde er hier in den Bergen ja sowieso nicht kommen.

Nach einigen Telefonaten holten wir aus der Stadt Poprad dann die neue Ölwanne – mit 160 durch die Dörfer! Zurück in der Werkstatt mussten wir aber feststellen, dass das gekaufte Ersatzteil zwar genau aus derselben Fabrik stammte wie unser Original, dass es aber nicht für die Kleinbusse der Marke Citroën gedacht war, sondern für die

FRAGE: Das ist wohl auch eine Frage des Geldes.

SENGER: Es muss ja nicht immer gleich ein Fünf-Sterne-Hotel sein. Es genügt eine Rückzugsmöglichkeit, wo man einander einmal als Mann und Frau und nicht zum Beispiel als gestresstes Elternpaar erleben und spüren kann.

FRAGE: Ist die plötzliche Konfrontation miteinander nicht in jedem Fall ein Schock?

SENGER: Um dem zu entgehen, werden ja oft genau die falschen Urlaube geplant. Wenn jemand, der mörderisch gestresst ist, eine 21-tägige Reise mit jeder Nacht in einem anderen Hotel, vier Führungen

Tipp 16
Allzu rasch bürgert sich im Alltag das Vermeiden von Berührungen ein. Im Urlaub kann das anstrengend werden. Also legen Sie Ihre Scheu ab. Sprechen Sie das Thema an. Verordnen Sie sich notfalls eine Berührung täglich.

sonst im Wesentlichen gleichen Kleinbusse der Marke Peugeot und deshalb die Löcher für die Schrauben zum Befestigen der Lichtmaschine um einiges größer waren. Majkut bewahrte die Ruhe und bat seine Tochter, uns den gerade gebackenen Apfelstrudel zu servieren. Ich sage Ihnen, meine Herren, vielleicht kann das auch Mr. Myago nachvollziehen: Diese Augen! Und dieses Haar! Wie der unendliche Weltraum, mit Sternenglanz! Wenn nur dieser *damn* Nebel nicht wäre ...

Majkut begann: Der Strudel ist gut, nicht wahr? Keine Sorge, wir werden uns Gewindeeinsätze herstellen lassen. Mein Freund Miro im Nachbardorf hat eine Drehmaschine.

Gewindeeinsätze? Drehmaschine? Ein Freund meines Vaters nannte so seine Drechselbank, die er im Garten stehen hatte und mit der er an langweiligen Sommertagen Weinkorken schmal drechselte, um sie für Bierflaschen verwenden zu können ...

Nach der Jause mit 160 ins Nachbardorf zu Miro. Der machte die Tür auf, blinzelte lichtscheu mit den Augen und sagte, dass er vom Vortag noch einen ziemlichen Kater habe. Majkut berichtete ihm, was wir brauchten und betonte, dass die Gewindeeinsätze auf ein hundertstel Millimeter genau sein müssten.

Heute drehe ich keine hundertstel Millimeter, schnaufte Miro und kehrte ins Bett zurück. Jetzt glaubte ich Majkut wirklich nicht mehr, dass mein Auto hier irgendwann repariert werden würde. Irgendwann kam dann Miros Cousin und ging mit uns in die Scheune, wo sich die Maschine befand. Das war nicht irgendeine Drechselbank! Das war eine zehn Meter lange Hochpräzisionsdrehmaschine aus der slowakischen Waffenfabrik, in der Miro gearbeitet hatte, bis sie privatisiert wurde und die Arbeiter ein Jahr lang kein Gehalt bekommen hatten. Nach diesem Jahr wurden sie dann alle entlassen, und jeder durfte sich aus der Fabrik mitnehmen, was ihm am liebsten war. Statt des Geldes. Miro hatte sich die Maschine mitgenommen, an der er sein Leben lang Kanonenrohre gedreht hatte. Und jetzt standen vor dem gewaltigen Gerät zwei Körbe mit Weinkorken: der eine mit unbearbeite-

pro Tag und Abendgestaltung mit 17 anderen Urlaubern plant, dann erspart er sich die vielleicht als mühsam und lästig empfundene Begegnung. Dafür bleibt aber auch der Erholungswert auf der Strecke.

FRAGE: Wenn man sich der Begegnung stellt, wird es womöglich erst richtig haarig.

SENGER: Man darf sich vor allem vom Anfang des Urlaubs nicht zu viel erwarten. Gerade die Anfangsurteile sind ja immer gnadenlos. Da passt schnell einmal etwas nicht, am Zimmer, am Tisch im Restaurant, am Wetter oder am Partner. Da taucht immer dieser Unmut auf: Du hast schon wieder die bessere Bettseite, wieso muss immer ich

ten und der andere mit hochpräzise auf die Breite eines Bierflaschenhalses verschmälerten.
Majkut erklärte also noch einmal Miros Cousin, was er brauchte, dann fuhren wir nach Hause zurück, um zu Mittag zu essen, und am Nachmittag konnten wir die Gewindeeinsätze abholen.
So wurde also das Auto repariert. Am letzten Abend gab es dann Pilze mit Ei. Aber das waren keine Champignons oder Steinpilze oder Eierschwammerl, die man so sammelt, sondern irgendwelche bunten, violette und rote Lackrichterlinge und Rötelritterlinge. Immerhin: Majkut aß es, die Tochter aß es, der Schwiegersohn auch, also machte ich mir keine Gedanken. Und da ich schon nicht eingewilligt hatte, die Tochter zu heiraten und als Mechaniker im kleinen Dorf zu bleiben, wusste ich, dass ich jetzt nicht auch noch die Pilze ablehnen durfte.
Zum Abschied schenkte mir Majkut noch synthetisches Motoröl, das bei Geländerennen verwendet wurde. Auf dem Heimweg leuchtete eine Warnung auf, dass der Motor sich überhitze, weil kein Öl vorhanden sei. Ich wunderte mich und rief Majkut an: Der sagte, dass das Öl, das er mir geschenkt hatte, so perfekt sei, dass es selbst der Ölmesser nicht erkennen könne.
Und der Motor lief auch wirklich sehr gut, und ich kam schon bald, trotz der anfangs sehr schmalen Landstraßen, mit einer Durchschnittsgeschwindigkeit von 141,5 km/h

zu meiner Slavěna und zu den Kindern zurück nach Prag.
– Bei einem italienischen Fiat Panda 4x4 wäre die Ölwanne unversehrt geblieben ...
murmelt Di Spila.
– Ich weiß, mein lieber Lieutenant Commander,
antwortet Captain O'Nelly.
– Ich drehe meine Gewindeeinsätze mit den Fingern,
kommentiert Mr. Myago.
Mutunus und Tutunus jedenfalls sind von der Geschichte begeistert.

6. The Flying Captain – Das Ende der *Severian*

Die *Saint-Sussex-Severian* schleicht geräuschlos und langsam den Nebelrand entlang. Mal lichtet sich der Nebel etwas, mal wird er wieder dichter.
Mr. Myago:
– Noch keine Sichtkontakte, Captain.
Cpt. O'Nelly:

das obere Fach nehmen? Der Anfang sollte deshalb als Phase der Anpassung eingeplant sein. Die ersten drei Tage, sagt man, sind die schwierigsten.

FRAGE: Dabei ist da immer der erste Blick auf die Bäume, die Wiesen, die Palmen und das Meer.

SENGER: Schon, aber es ist auch anstrengend, sich auf etwas Neues einzustellen. Sich an die dritte Haut – den Urlaubsort, die zweite wäre die Kleidung – anzupassen. Das Bett ist vielleicht kleiner, mit drei herumliegenden Kleidungsstücken bricht im Zimmer schon das Chaos aus. Leicht denkt man da: Oh Gott, jetzt habe ich den oder die zwei Wochen lang am Hals.

– Was ist das? Myago! Was ist das?

Der Captain zeigt in die rechte obere Ecke des Panoramafensterbildschirms, wo er einige hellere Flecken erkennt.

Mr. Myago:

– Ich hielt es zuerst für eine Flüssigkohlenstoffwolke, aber tatsächlich, das kann nicht sein, sie würde sich zu weit abseits des Nebelfeldes befinden.

Cpt. O'Nelly:

– Zehnfache Vergrößerung!

Mr. Myago:

– Ay, ay!

Cpt. O'Nelly:

– Aha ... Mutunus, Tutunus, was sehen Sie?

– Weiße Flecken, Captain.

– Keine Flüssigkohlenstoffwolke also? Wie sieht denn eine Flüssigkohlenstoffwolke aus?

– Weiß und fleckig, Sir!

– So kommen wir nicht weiter. Ich für meinen Teil erkenne jedenfalls ein Kanonenrohr, das aus der Wolke ragt. Achtel Kraft zurück. Langsam, nur langsam, wir schleichen zu schnell. Man könnte uns sehen. Mr. Di Spila! Torpedorohre 1 und 2 mit Zigarrentorpedos laden!

Tipp 17

Laut einer Untersuchung der Universität Göttingen sagen 66 Prozent der Männer und 52 Prozent der Frauen in einer Beziehung ihre Bedürfnisse nicht. Aber 40 Prozent würden die Bedürfnisse erfüllen. Nutzen Sie den Urlaub für mehr Offenheit!

LCdr. Di Spila:
– Zigarrentorpedos?
– Ja, das Langsamste, was es gibt! Bis die in der Wolke angekommen sind, sind wir über alle Berge geschlichen und halten nach weiteren solchen Wolken ausschau. Ich habe den Verdacht, dass die Herstellung von Flüssigkohlenstoff eine neue ashkansianische Tarntechnologie ist.
LCdr. Di Spila:
– Rohre 1 und 2 geladen, Sir. Peilungswinkel auf Wolke 110°!
Cpt. O'Nelly:
– Feuer!
Stunden vergehen. Keine Geschichten werden mehr erzählt. Alle blicken angespannt auf den Bildschirm. Wenn eine Wolke erscheint, wird sie beschossen. Weitere Stunden vergehen. Tage vergehen. Cpt. Geronimo O. O'Nelly jucken die Augen. Trotzdem starrt er weiter.
– Myago! Was war das?
– Ashkansianische Wrackteile, Captain. Offenbar ist der erste Torpedo eingeschlagen.

FRAGE: Man muss sich zuerst wieder an einander gewöhnen?

SENGER: Natürlich. Es ist ja ganz leicht zu beobachten, dass ein Urlaubspaar ganz anders miteinander umgeht als ein Alltagspaar.

FRAGE: Inwiefern?

SENGER: Wenn eine Wasserkaraffe am Tisch steht, würde sich ein Mann daheim einfach einschenken, im Urlaub denkt er vielleicht zuerst an die Frau. Durch dieses Setting, bei dem alles anders ist, auch die Kleidung, nimmt er sie eher war, er hat sie eher im Blick, und umgekehrt. Die Frau fragt: Möchtest du noch etwas Salz für den Salat? Man hat eine andere Wahrnehmung voneinander …

Jubel. Nur Myago zeigt keine Emotion.
– Ausgezeichnet! Di Spila, Kursänderung, 90° Backbord, wir sehen uns die andere Nebelseite an und verwirren den Feind! Verbinden Sie mich mit Madame Transistorian, der Bardame am Deck 22, damit ich ihr unseren Erfolg mitteilen kann. Maximale Energie auf den Holographen-Generator, dass sie mir auch gut gelaunt ist!
Der Captain hat mit der Bardame geplaudert, wieder sind Stunden vergangen. Wieder sind Tage vergangen. Wieder werden Notrufe gesendet, wieder bleiben sie unbeantwortet. Doch bald hat die stolze *Severian* im Schritttempo das andere Ende des Nebels erreicht. Und da donnert LCdr. Di Spila:
– Ein Funkspruch, Captain!
Der Captain donnert zurück:
– Auf den Schirm!
Am Bildschirm erscheint das bläuliche, mit luftundurchlässigem Schleim überzogene Gesicht des ashkansianischen Admirals:
– *Saint-Sussex-Severian*, *Saint-Sussex-Severian*, hier Kommando von Ashkansia, Kommando von Ashkansia!
Der Captain poltert:
– Hier *U.S.S. Saint-Sussex-Severian*, wir hören!
Der feindliche Admiral schmatzt:
– Sie sind besser als ich dachte, Captain. In einer anderen Wirklichkeit hätten wir Freunde werden können.

Der Captain wirft die Locke zurück, fährt sich über den Kautschuk:
– Das bezweifle ich, zur Sache!
Der Ashkansianer zwinkert mit den glänzenden schwarzen Augen:
– Unsere Schiffe durchkämmen nun systematisch den Nebel! Es gibt kein Entkommen! Wehe! Wehe deiner Madame Transistorian, wenn ich sie in meine Froschfinger kriege! Schmatz! Quak!
Der Captain wendet sich an Di Spila:
– Drehen Sie das Funkgerät ab. Warum sollten wir weiter mit diesem Lustmolch unsere kostbare Zeit verschwenden! Wie monoton der Welraum ist! Ach!
Jeder weiß natürlich, dass O'Nelly eine Kapazität ist auf seinem Gebiet, und dass es ihm mit viel Geduld und einer idealen Ausnützung des Geländes und der technischen Möglichkeiten ohne Weiteres gelungen wäre, die gesamte feindliche Flotte und noch viele andere Flotten bis auf das letzte Schlauchboot zu vernichten! Es kommen ihm auch

FRAGE: ... die der Beziehung guttut?

SENGER: Sehr sogar, auch wenn es einem Energie abverlangen kann.

FRAGE: Es kann anstrengend werden?

SENGER: Es kann einen zwingen, zu sagen: Mir ist gar nicht aufgefallen, wie schlecht du aussiehst. Wie geht es dir eigentlich? Ich habe gar nicht wahrgenommen, wie traurig deine Augen sind. Das sind Gefahren, aber das sind auch Chancen. Ein Urlaub ist immer eine unglaubliche Chance, aus einer flachen Beziehung eine tiefe zu machen. Oder man kommt dann tatsächlich zu der Erkenntnis, dass es nicht mehr geht.

schon zahlreiche rettende Ideen: sich auch mit einer künstlichen oder echten gebundenen Wolke zu tarnen, eine Raumfähre mit Fernsteuerung und Kamera auszustatten und auf Erkundungsreise zu schicken, den Nebel zu verminen, die Zerstörung des eigenen Schiffes vorzutäuschen, sich in der Höhle eines Asteroiden zu verstecken, in einem Asteroidenvulkan einen Lautsprecher mit Sirenengesang zu montieren, eine interstellare Bisonherde mit aufputschenden Drogen zu manipulieren o. Ä.

Aber es tritt etwas ein, womit auch der erfahrenste Weltraumbär nicht rechnen kann, der größte Albtraum der Raumfahrt, in Fachkreisen euphemistisch *Sich öffnender Zippverschluss* genannt: Eine unvorhersehbare Raum-Zeit-Anomalie! Sie zerreißt den Nebel, zerreißt die halbe feindliche Flotte, donnernd und blitzend nähert sie sich unseren Helden.

– Volle Kraft voraus, Di Spila! Volle Kraft! Alle Energie auf die Triebwerke! Notenergie!

Aber der gewaltige *Schwimmende Elch* hat keine Triebwerke mehr. Der Captain krallt sich mit beiden Händen in die Armlehnen seines gepolsterten Stuhls. Mr. Jacobus Tutunus bricht sich den Arm. Di Spila knallt gegen den Bildschirm.

– Schadensbericht! Myago! Schadensbericht!

– Beide Triebwerke, Captain, sind ... weg ..., meinen Berechnungen zufolge befinden sie sich nun auf dem Planeten Jucharé des 14. vorchristlichen Jahrhunderts. Die Steuerbordaußenwand ist vom Bug bis zum Heck aufgerissen. Die automatischen Sicherheitsschleusen werden geschlossen. Feuer auf allen Decks. Automatische Feuerlöschanlagen ausgefallen. Alle Raumfähren und Rettungsboote sind ... pulverisiert!

– Und das holographische Deck Nr. 22?

– Auch von der Anomalie verschlungen. Es befindet sich im Schlafgemach des Papstes Innozenz XXXVI.

– Dann ist es aus. Abkoppelung der Kommandobrücke einleiten!

– Wird eingeleitet.

Aber die Schalttafeln haben Feuer gefangen. Myago reißt sich den Kautschuk vom Androidenleib und versucht, die Flammen zu ersticken. Erfolglos.

Di Spila jammert:

– Oh, wäre ich nur im schönen Rocca di Caprileone geblieben, bei meiner Mama! *Mammina, non altro che fastidi in questo cosmo deprimente! Spaghetti!*

FRAGE: Wie überwindet man sich zu den ungewohnt gewordenen intimen Fragen?

SENGER: Ich würde so ein Gespräch vor allem einmal als das deklarieren, was es ist: So, jetzt sitzen wir uns gegenüber, und jetzt sage ich dir einmal, was ich bei dir sehe. Was kann das schaden? Ein intimer Austausch soll ja nicht im Geheimen geführt werden, irgendwie laviert, wie man sich sonst so durch den Alltag rettet. Man muss dazu stehen, dass man einander spiegelt. Ich würde das als Vorhaben bezeichnen.

Tipp 18
Spiele zeigen Ihren Partner in einer neuen, vielleicht emotionellen Rolle. Vorausgesetzt natürlich, es handelt sich nicht um ein Spiel, das Sie auch daheim oft spielen. Am Markt gibt es viele sehr gute Paarspiele!

Myago stellt fest:
– Androiden sterben nicht.
Tutunus weint:
– Julia, Julia, wann werde ich dich in den Armen halten? Wann? Sagt jemand meiner Julia, dass ich sie geliebt habe? Sagt ihr das jemand? Nein?
Tutunus ächzt:
– Oh mein Gott, meine Nerven, oh Gott. Meine Gesundheit! Die Schmetterlinge! Sie sind überall! Sie flattern schon, was soll ich tun? Tut das weh!
O'Nelly fragt sich:
– Würd ich in den Himmel kommen? Wo ist der Himmel? Auf der Erde? Im All? Und Mutunus! Richten Sie sich den Zylinder!
Myago stellt fest:
– Auch eine mechanische Brückenabkoppelung ist nicht möglich, Captain. Die gesamte Vorrichtung hat sich verformt! Meinen Berechnungen zufolge hat die Besatzung der Severian (meine Person natürlich ausgenommen) noch genau 4 Minuten und 53 Sekunden zu leben.
Tutunus greift sich ins Haupthaar:
– Ojeoje, die Schmetterlinge sind da …
Der Panoramafensterbildschirm hat sich verfinstert.

Ein Blatt Papier über einem brennenden Kerzendocht. Ein Blatt Papier, das brennt. Ein mit Schwefel, Kohlenstaub und Salz eingeriebenes Blatt Papier. Ein aus einem Blatt Papier gefalteter Kormoran über einem brennenden Kerzendocht, ein Dampfschiff aus Papier, das mit Benzin und flüssigem Wachs eingelassen ist: der gepolsterte Kommandosessel des Captains – ein explodierender Stern! Auch des Midshipman Mr. Joël Mutunus Liebestränen vermögen nicht, ihn zu löschen. Eine Supernova in den Kopfhörern des LCdr. Di Spila! Mr. Myago zückt einen Lötkolben, eine Zange und eine Kompressionskältemaschine, öffnet sich die Schädeldecke aus Titan und bringt die hitzebedingt weich gewordenen Kontakte wieder in Ordnung. Kurz gesagt: Die letzten Minuten der *U.S.S. Saint-Sussex-Severian* vergehen nicht ohne Aktion!

Schon hat der *Schwimmende Elch* die Hinterbeine verloren, schon das Geweih, schon öffnet sich sein nasser,

FRAGE: Kann man sich darauf schon vor dem Urlaub vorbereiten?

SENGER: Natürlich.

FRAGE: Wie?

SENGER: Indem man sich zum Beispiel damit auseinandersetzt, wie ein guter Dialog überhaupt aussieht und was ich mir davon erwarten darf und soll.

FRAGE: Was darf man sich davon erwarten?

SENGER: Darüber habe ich viele Bücher geschrieben.

haariger Bauch wie eine Zeitung, und seine Gedärme schweben an bunten Algen vorbei der Zukunft entgegen, schon reißt die furchtbare Anomalie dem Elch die Ohren ab und schleudert sie in eine andere Realitätsebene, schon gehören seine Vorderhufe fremden Zeiten an, schon wirbelt seine gewaltige Wirbelsäule durch noch unerforschte Galaxien, schon schlägt sein Herz in der düsteren Zeit vor dem ersten Urknall, vor dem Chaos, vor Gott: Nur sein Schädel ist noch da. Und in ihm unsere Helden.

Doch da bricht der *Sich öffnende Zippverschluss* die eigentlich unzerstörbare Kommandobrückendecke auf wie ein Kaffeelöffel ein weiches Ei! Als erster wird Joël Mutunus durch den Unterdruck nach draußen gesaugt.

– *Ave, o María, piena di grazia, il Signore é con te ...*

Allein, jetzt helfen keine Gebete mehr, auch Di Spila sucht in den unendlichen Weiten das Weite. Myago verabschiedet sich gewohnt emotionslos und fliegt freiwillig davon. Mr. Jacobus Tutunus hält sich an einer losen Schraube fest, Cpt. O'Nelly an einer verlöschenden Flammenspitze.

– Durchhalten, Kadett!

– Ich kann nicht mehr, Captain ... Sehen Sie? Die bunten Flügel der Schmetterlinge? Sie haben sich schon entfaltet! Und sie fliegen auf Sie zu!

– Ich sehs. So ist das. Ich habe es Ihnen ja gesagt. Über 60-jährige Männer ziehen sie an!

– Leben Sie wohl, Captain! Neeeeiiiiiiin!!!!

Die lose Schraube hat sich gelöst, Tutunus saugt es durch den Deckenriss und sein Körper zerschellt am Asteroiden AU8989/11B.

Die Schmetterlinge sind bei O'Nelly geblieben. Sie strecken die eingerollten Rüssel und flüstern:

– Herr Kapitän. Es ist an der Zeit. Wir fliegen zur Erde zurück.

– Also ist der Himmel doch auf der Erde?

– Auf der Erde ist doch Ihre Slavěna, oder irren wir uns?

– Sie irren sich nicht, liebe Freunde.

– Verabschieden Sie sich also von Ihrem treuen Schiff, wir fliegen dann los!

– Ich mache jetzt Landurlaub, auf Wiedersehen, mein liebes Schlachtschiff! Ich hoffe, du verstehst ...

So beginnt also Jarolím Žíněnka alias Captain Geronimo O. O'Nelly nach langen 18 Jahren im unendlichen All endlich, von bunten Schmetterlingen umflattert, die Rückreise zur Erde und zu seiner über alles, in alle Ewigkeit geliebten Gattin Slavěna. Unhörbar leise,

FRAGE: Zuletzt erschienen: Die Beziehungsmaschine. Sagen Sie es uns bitte in aller Kürze?

SENGER: Ich darf mir erwarten, dass mich mein Gegenüber durch aktives Zuhören spiegelt, dass er oder sie nicht weghört und in der Lage ist, sich das Wesentliche zu merken und zusammenzufassen.

FRAGE: Das ist alles?

SENGER: Außerdem muss ich mit dem, was ich sage, gelten dürfen, und ich darf erwarten, dass mein Partner oder meine Partnerin über mich nachdenkt: Warum ich enttäuscht bin, weil wir kein gemeinsames Hobby haben, warum es mich ärgert, dass jeden Sonntag die Schwiegermutter bei uns zu Mittag isst ...

so leise, dass es vom Schlagen der Schmetterlingsflügel übertönt wird, haucht er mit einem Lächeln auf den Lippen:
– *Ready to rumble ...*
Und im Hintergrund detoniert eifersüchtig der Rest der stolzen *U.S.S. Saint-Sussex-Severian.*

Tipp 19
Der wichtigste Tipp der Wiener Psychotherapeutin Gerti Senger: Vermeiden Sie im Urlaub das Vermeiden! Das gilt nicht nur für Berührungen, sondern auch für Gespräche, Begegnungen und Kontakte mit Anderen – das ist der Sauerstoff einer Beziehung.

Ondřej Cikán

Starship Severian, Episode 322 – Professor Selchers unkeuscher Plan

1. Einleitung – Zwei Funksprüche zur selben Zeit

Unendliche Düsternis. Nur helle Punkte ab und zu. Hin und wieder spucken in der unermesslichen Ferne Vulkane Lava auf die Oberfläche fremder Planeten.
In einer Galaxie, ebenso düster und verlassen wie langweilig, liegt irgendwo die Erde. Und auf der Erde irgendwo liegt New Mexico. Und in New Mexico, auf halbem Weg zwischen Albuquerque und El Paso, in der Nähe eines Reservats der Kiowa-Apachen, steht das

lauschige Wochenendhaus des Captain Geronimo O. O'Nelly alias Jarolím Žíněnka, in dem er es sich mit seiner geliebten Gattin Slavěna nach der Zerstörung seines Schlachtschiffs und nach seiner Rückkehr zur Erde gemütlich gemacht hat. Gerade kocht er Kaffee. Er gießt ihn in anmutiges Porzellan und serviert ihn seiner Slavěna zum Frühstück. Orangensaft auch. Es ist ein heißer Sommertag. 9.00 Uhr morgens, Ortszeit.

Tipp 20

Klären Sie vor dem Urlaub für sich, was ein guter Dialog ist. Sie dürfen sich erwarten, dass Ihr Gegenüber aktiv zuhört, das auch durch seine Körpersprache signalisiert und nachher das Wesentliche zusammenfassen kann.

In derselben Galaxie, auf demselben Planeten liegt irgendwo die Schweiz, und in der Schweiz im Kanton Aargau die prächtige Vorzeigegemeinde Spreitenbach, in der Sprache der Ureinwohner *Schpräitebach* genannt, das Heim der Familie Rinderli. Frau Marianna Rinderli hat sich an demselben heißen Sommertag entschlossen, mit dem Roboterhund einen Spaziergang im Spreitenbacher Wald zu unternehmen. Herr Jost Rinderli ist mit Freunden zu Hause geblieben und kocht Härdöpfelpflute. Es ist 17.00 Uhr nachmittags, Ortszeit.

Eine Minute vergeht: Es ist 9:01 in New Mexico und 17:01 in Spreitenbach. Da beginnen zwei Funkgeräte zu läuten.

1. Gespräch (in der Schweiz):

– Rinderli, hallo?

– Hier Vice Admiral Frederic Harker von der Sternenföderation, spreche ich mit Mrs. Rinderli?
– Ja, bitte?
– Ich darf Ihnen gratulieren, Sie haben eine zweiwöchige All-Inclusive-Liebes-Romantik-Urlaubsreise für zwei im Wert von 50.000 Dollar nach Brasilien gewonnen!
– Juhuuu!
– Sie können die Reise gerne für 20.000 Dollar pro Woche verlängern!
– Gern, gern! Wir verlängern sie auf drei Wochen!
Nach Brasilien! Das ist schon immer Frau Rinderlis größter Wunsch gewesen! Allein, ihr Mann war immer dagegen. Dass die Schweizer und zur Not auch die österreichischen Alpen doch schon das Schönste auf der Welt seien, sagte er immer, dass diese fremden Kontinente unermessliche Gefahren bergen würden usf. Deswegen hat Marianna an mindestens fünfzehn Wettbewerben teilgenommen, um einen Urlaub in Brasilien zu gewinnen, ihn

FRAGE: Frau Senger, Ihre Vorschläge klingen fatal nach großer Abrechnung.

SENGER: Wenn man so eine Einstellung hat, kommt man zwar braun gebrannt zurück, aber ohne Erholungseffekt für die Beziehung. Im Urlaub ist man ja auch eher zu Veränderungsschritten bereit. Es kommt nur darauf an, in welcher Form man diese Dinge äußert. Als Vorwurf, als Forderung – oder als Wunsch. Die eine Variante wäre: Es kommt nicht mehr in Frage, dass deine Mutter sonntags immer bei uns isst. Die andere: Wie wäre es, wenn wir uns zwei Sonntage im Monat ganz für uns nehmen würden?

ihrem Mann zum Geburtstag zu schenken und also zu erzwingen.

2. Gespräch (in New Mexico):

– Hallo?

– O'Nelly, alter Knabe! Hier Fleet Admiral Vernon Gregory of Lancashire. Wir haben einen Auftrag für Sie!

– *Damn*! Soll ich schon wieder Urlauber herumführen?

– Ganz genau! Sie wissen ja, wie es um die finanzielle Lage der Sternenföderation bestellt ist. Wir müssen optimieren! Wir müssen einschneiden und ausschöpfen! Die neue *Saint-Sussex-Severian* steht schon am CCSFLC 7 (Cape Canaveral Star Federation Launch Complex 7, *Anmerkung*) bereit.

– Und die Besatzung?

– Mr. Myago und LCdr. Francesco di Spila.

– Di Spila? Ist er nicht tot?

– Er ist in unseren Labors neu erschaffen worden. Er ist nicht tot, aber sechzehn.

– Sechzehn Jahre alt oder was?

– Ja. Das war das Äußerste, was wir mit unserem Alterungsbeschleunigungsverfahren erreichen konnten. Bis morgen, Captain!

– *Damn*!

Tipp 21
Urlaube sind eine der besten Möglichkeiten für Paare, ihre Beziehung zu vertiefen. Suchen Sie sich deshalb regelmäßig solche Inseln im Jahresablauf. Es muss nicht immer etwas Großartiges sein. Es geht um den gemeinsamen Rückzug.

2. Brief Nr. 1 der Marianna Rinderli – Kurze Sexberatung, Amazonasgebiet

Marianna grüßt Susanna! Liebe Schwester!

Unsere Reise beginnt großartig. Das Raumschiff ist wunderschön und riesengroß (29 Decks!), und es gleitet so herrlich langsam dahin und die Besatzung (drei Mann in Kautschukuniformen) ist furchtbar nett. Es gibt da einen kleinen Italiener, der ist so süß schüchtern, aber wenn man mit ihm ins Gespräch kommt, allein, als Frau, als erwachsene verheiratete Frau, wie ich eine bin, dann fragt er einen die lustigsten Dinge! Ich habe ihm schon so viel erklärt: dass man es immer langsam angehen muss, dass es nur dann schön ist, wenn man sich schon besser kennt und sich auf einander eingestellt hat und genau versteht, wie weit der andere schon ist, dass das Wichtigste in allen Beziehungsdingen die Sicherheit ist (wie im Alltag, so im Urlaub – wie beim Frühstück, so im Bett),

FRAGE: Instrumentalisieren Sie den Urlaub da nicht trotzdem als Beziehungssanierungsforum?

SENGER: Ein gelungener Urlaub ist definitiv immer ein Beziehungssanierungsforum. In einer stabilen, lebendigen Beziehung ist er es unmerklich. Alle Dinge geschehen dann, ohne dass sie sich das Paar bewusst vornimmt.

FRAGE: Aha.

SENGER: Ja. Miteinander reden, aufeinander hören, gemeinsam etwas unternehmen – man sieht einander, man schaut gemeinsam andere an, man schwingt miteinander mit, man gibt ein Echo, und es gibt ein wechselseitiges Verstehen.

dass man auch in zwei Minuten das höchste Vergnügen miteinander erreichen kann, wenn beide jene Sicherheit haben, und dass es dann besonders ergötzlich ist, dieses Vergnügen zu einem stundenlangen auszudehnen und dass alle Frauen furchtbar viel von diesem Vergnügen brauchen, auch wenn sie es oft nicht gern zugeben. Und er hat immer so süß nachgefragt!

Dann gibt es einen Androiden, das ist der Erste Offizier: Der ist ziemlich trocken, lacht nie, weist den jungen Italiener immer zurecht, wenn er unanständig wird. Aber er weiß einfach alles! Jost hat bei ihm holographisches Schach gelernt. Und er spricht alle Sprachen: Mit allen Indianerstämmen im Amazonasgebiet kann er sich verständigen. Und auch mit den Seekühen und den Harpyien (Raubvögel, *Anmerkung*).

Der alte Kapitän ist ein bisschen komisch. Er macht immer wieder bittere Witze über den Urlaub, sagt, dass er viel lieber zu Hause wäre, dass er Reisen nicht ausstehen kann, dass der einzige Ausweg aus der Monotonie der Welt das holographische Deck Nr. 22 sei. Aber er ist auch sehr zuvorkommend und serviert uns persönlich das Essen und führt uns persönlich aufs Aussichtsdeck, das sich auf der Unterseite des Schiffes befindet. Es ist ein bisschen gewöhnungsbedürftig, weil der Boden und die Wände gänzlich durchsichtig sind und noch dazu aus keinem festen Material bestehen, sondern irgendwie aus einem Energiefeld! Man fühlt sich, als würde man schweben ...

Wenn wir an Land gehen, benutzen wir einen sogenannten Unterdruck-Ptyaloelevator. Das ist ein Schlauch, der aus dem Schiff ausgefahren wird und offenbar ähnlich wie Rohrpost funktioniert.

Aber dich interessiert bestimmt am meisten, was wir bis jetzt alles gesehen haben: Zuerst landeten wir in Manaus, dem Paris der Tropen, wie es am Ende des 19. Jahrhunderts genannt wurde. Die Stadt war durch den Kautschuk reich geworden. Wir besichtigten das Teatro Amazonas, ein riesiges Theater im Stil der Neurenaissance. Und zwei große Kirchen gibt es dort, aber besonders interessant war das große ehemalige Zollhaus und noch mehr die Markthalle. Beide Gebäude wurden in England vorgefertigt. Die Eisenkonstruktion der Markthalle wurde von Eiffel geplant. Und du kannst dir gar nicht vorstellen, wie viele verschiedene wundersame Fische man dort kaufen

FRAGE: Wie sieht das dann in einer schon etwas verbrauchten Beziehung aus?

SENGER: Nehmen wir das klassische Paar: Sie ist tagsüber bei der Massage und er beim Fußballspielen oder sonstwo. Am Abend kreist das Gespräch dann krampfhaft um diese Dinge. Da bleibt sehr viel Unzufriedenheit.

FRAGE: Ihr Gegenrezept?

SENGER: Wenn man die erste Phase des Anpassens hinter sich hat, sollte man sich ganz bewusst nicht ausweichen. Und um ein Abrechnungsgeschehen zu vermeiden, sollte man auch ausdrücken, wie wertvoll einem der andere ist und wie wichtig die gemeinsame Zeit.

kann: zwei Meter lange Arapaimafilets, Zitteraale in Honig, eingesalzene Süßwasserhaie, Sägefische und viele, viele Fische, die noch keinen Namen haben, leuchtende, halluzinogene, mit Schiffsschrauben ausgestattete ... Wir entschieden uns dann nach langem Überlegen doch für einen einfachen schwarzen Pacu, der nämlich ein bisschen wie der uns Europäern wohlbekannte Zuchtkarpfen aussieht, aber ein Gebiss hat, mit dem er sogar Steine knacken könnte, weswegen sein Backenfleisch eine besondere Spezialität ist. Der Kapitän bereitete ihn dann aufs Köstlichste auf Pupunhas und weißem Cupuaçu-Fruchtfleisch zu.
Ach! Diese Früchte! Wir sitzen am Strand, es ist Nachmittag und der Rio Negro ist wie ein Meer so breit. Man kann nur mit Mühe das andere Ufer erkennen. Ich stärke mich mit Açai- und Jenipapofrüchten. Alles klebt. Mein lieber Jost ist jetzt wirklich froh, dass ich ihn zu dieser unseren Reise gedrängt habe und wiederholt es mir immer wieder. Und er macht mir ein Kompliment nach dem anderen, als wären wir ein junges Paar. Jetzt, während ich dir diese Zeilen schreibe, reitet er wieder auf einem Rochen. Er hat es, nachdem der Android Mr. Myago die Piranhas und die Alligatoren verscheucht hatte, von zwei Indianern gelernt, die zufällig in der Nähe waren und gleich nach dem ersten Versuch brachte er mir eine Seerose mit zirka 1,5 Meter Durchmesser mit (das grüne Blatt war so

groß, nicht die Blüte, ich fand es aber trotzdem romantisch). Er fragte mich, ob ich mitkommen möchte, die Mündung des Rio Negro in den Amazonas ansehen, die interessant sein soll, weil das Wasser des Rio Negro schwarz und glänzend, das des Amazonas aber hellbraun und matt sei, sein Rochen namens Rudi sei stark genug für uns beide. Aber auf dem Rochen Rudi zu reiten ist nicht unbedingt was für mich. Ich bleibe lieber mit meinem Obst am ruhigen Strand, beobachte die hohen Schiffe und streichle ein Faultier.
Liebe Grüße,
ich schreibe bald wieder,
Deine Marianna

3. Mariannas Briefe Nr. 2 – 13, Auszüge – Schachsucht: man braucht Gefahr

Marianna grüßt Susanna! Liebe Schwester!
Wir überflogen von einem Schwarm von Rostkappenpapageien begleitet

FRAGE: Oft ist schon das sehr schwierig.

SENGER: Wenn eine Beziehung so kaputt ist, dann können die beiden gleich getrennt voneinander Urlaub machen.

FRAGE: Haben Frauen andere Erwartungshaltungen an den Urlaub als Männer?

SENGER: Männer sind, was das Sexuelle anlangt, grundsätzlich die Initiatoren. Wahrscheinlich erwarten sie dann auch von einem Urlaub eine Intensivierung der Sexualität. Frauen erwarten eine Intensivierung der Beziehung.

Tipp 22
Architektur prägt ihre Benutzer und deren Stimmung. Besorgen Sie sich also so viele Informationen wie möglich über die Hoteloptionen. Schlechte Schwingungen, etwa in Bettenburgen, können die Beziehung belasten (siehe Interview Seite 159).

das Amazonas-Delta und landeten in Belém. Barocke Kathedrale. Am Markt, der dem von Manaus nicht unähnlich ist, kauften wir diesmal die Fische mit Schaufelradantrieb, die, glaube ich, Mentiras heißen. Gegrillt sind die Flossen besonders knusprig! [...]
In Rio de Janeiro sahen wir den Christus. Wenn man unter ihm steht, hat man eine hübsche Aussicht auf die ganze Stadt, die vielen grünen Inseln und auf die vielen langen Brücken. Und landeinwärts: dunstige Hügelketten. Ganz weich. [...]
Jost hatte, er wusste warum, ein schlechtes Gewissen und schenkte mir tropische Blumen. Die Copacabana und die auf den langgezogenen Granitfelsen gelegenen Favelas sahen wir nur aus der Ferne. Dem Kapitän war nämlich etwas Mysteriöses aufgefallen, und er befahl den sofortigen Abflug nach Süden. [...]
In São Paulo ist ein riesiger Bahnhof aus dem 19. Jahrhundert, die Estação da Luz. Überall Polizisten. Der Kapitän war wieder beunruhigt: Mafiakriege allein wären kein Problem, sagte er, aber hier gehe auch etwas anderes vor, etwas sehr Merkwürdiges.
Jost spielt holographisches Schach. [...]
Jost spielt schon wieder Schach. Zuerst verlor er nur ge-

gen den Androiden, dann begann er, auch gegen den Kapitän zu verlieren und jetzt schlägt ihn selbst der aufbrausende Francesco. Er redet kaum mehr mit mir, lernt stattdessen Eröffnungen. Die Küsse sind kurz und flüchtig geworden. Manchmal kauft er mir Blumen zum Trost. [...]
Bei den Iguaçu-Wasserfällen konnte ich ihn überreden, mit mir das Schiff zu verlassen. Und natürlich verbrannten wir uns sofort auf den heißen Steinen die Füße so, dass sie bluteten und wir nicht mehr gehen konnten. Das war aber weiter nicht tragisch, weil wir über tragbare Düsen verfügten, mit denen es sich prima schweben ließ. Ich flog ganz knapp am fallenden weißen Wasser vorbei und es war ein Lärm wie von zwanzig Lawinen, drei Hagelstürmen und einer sternenföderalen Artilleriedivision gleichzeitig! Aber gerochen hat es nach einer saftigen Alm, deren Duft nicht von Kuhfladen, sondern von bunten Fischen gewürzt wird. Und eine Herde Wasserschweine sahen wir!

FRAGE: Das alte Muster.

SENGER: Ja.

FRAGE: Dann denkt er bei der Anreise: Oh Gott, zwei Wochen Beziehungskram. Und sie denkt: Oh Gott, zwei Wochen ständig Sex!

SENGER: Na ja, sehen wir es positiv. Sie wollen Ihren Lesern den Urlaub ja nicht vermiesen. Das Wissen um solche Urlaubs-Mechanismen bringt schon viel. Wenn man sich zum Beispiel bewusst ist, dass man große Erwartungen hat, kann man eher daran arbeiten, sie zu erfüllen.

FRAGE: Als wäre das so leicht.

SENGER: Es kann schon ganz am Anfang beginnen, bei der Frage, was man einpackt.

Als wir genug Eindrücke gesammelt hatten, flogen wir wieder zum Ufer zurück und warteten dort, unserer wunden Füße wegen schwebend, auf das Ausfahren des Unterdruck-Ptyaloelevators, der uns wieder an Bord saugen sollte. Es dauerte länger als sonst. Jost wurde ungeduldig, weil er sich noch auf die nächste Schachpartie vorbereiten wollte. Das ärgerte mich. Zum Glück kam ein hübscher Zigaretten- und Uhrenverkäufer vorbei, der unsere Verbrennungen bemerkte und uns von unserem Grollen ablenkte, indem er uns eine kühlende Kräutersalbe anbot. Wir tauschten sie gegen die praktische Nierentasche, und für eine Flasche Stachelbeerschnaps, die uns der Kapitän aus dem Raumschifffenster zuwarf, bekamen wir dann auch noch drei Stangen Zigaretten. Die einfache Salbe wirkte tatsächlich besser als die neumodische Elektroschockbehandlung auf dem Schiff. [...]
Die moderne Kathedrale in der Hauptstadt Brasília ist beeindruckend. Wie ein Vulkan sieht sie aus. [...]
Jost spielt wieder Schach. [...]
Jost hat wieder verloren. [...]
Und wieder hat er verloren. Aber diesesmal hat er sich dermaßen geärgert, dass er auf dem holographischen Deck den Tisch nahm und ihn brüllend gegen die Bar warf, und Aschenbecher hat er geworfen, sodass er die holographische Bardame aufs Schwerste verletzt hätte, wenn der Kapitän nicht sofort die Stromzufuhr für das

Deck unterbrochen und somit Madame Transistorian rechtzeitig in ihre Energieteilchen aufgelöst hätte. Jost verlangte daraufhin hysterisch ein vierdimensionales Hologramm der Schlacht im Teutoburger Wald, um sich abzureagieren, und er kam erst von diesem Verlangen ab, nachdem ich ihm meine Rückkehr ins Elternhaus angedroht hatte. [...]
Ach, Susanna! Dieser Urlaub ist zwar unglaublich schön, aber wenn nicht etwas passiert, irgendwas, halte ich es mit Jost nicht mehr aus. Irgendetwas muss passieren!
Liebe Grüße,
ich schreibe bald wieder,
Deine Marianna

4. Etwas passiert – Schießerei und Entführung

Marianna:
– Bitte, bitte, lieber Kapitän, wir wollen einen Karneval sehen!

FRAGE: Was packt man ein?

SENGER: Vielleicht nimmt die Frau etwas mit, von dem sie weiß, dass es ihm gefällt.

FRAGE: Die klassische Dessous-Thematik, oder wie?

SENGER: Man kann sicher auch das berücksichtigen. Wissen Sie, ich bin eine Beziehungs ...

FRAGE: ... expertin ...?

SENGER: ... fanatikerin! Und deshalb meine ich: Jeder Mensch sollte wissen, dass eine Beziehung Investitionen braucht.

O’Nelly:

– Liebe Marianna, ich will dir und deinem Mann diesen Wunsch gerne gewähren, aber bedenkt mir bitte, dass ich schon mehrmals beunruhigt erwähnt habe, dass hier etwas vorgeht in Brasilien, vielleicht auf der ganzen Welt! Wisst, dass es sicherer wäre, sich im wilden Bergland aufzuhalten als in den Städten? Und sicherer als im Bergland ist es in der Luft, und sicherer als in der Luft ist es in der unendlichen Düsternis des Weltalls. Wir könnten den Karneval ja holographisch simulieren!

Jost:

– Fein, meine liebe Marianna, das wäre eine gute Idee! Nicht wahr, Herr Kapitän? Man könnte dann die Sambatänzer wie Schachfiguren anordnen und während meine Frau die Parade bewundert, lasse ich mir hier vom Herrn Myago noch einmal, und diesmal in aller Ruhe erklären, wie der b-Bauer bei dieser einen Untervariante der Orang-Utan-Eröffnung auf h8 kommt!

Marianna:

– Orang-Utan?

Myago:

– 1. b2-b4 e7-e5 2. Lc1-b2 d7-d6; Lf8xb4 wäre an dieser Stelle ein strategischer Fehler, der nach heutigen Erkenntnissen nicht wieder gutzu-

Tipp 23

Je stabiler eine Beziehung ist, desto eher dürfen Sie es sich erlauben, im Urlaub auch einmal getrennte Wege zu gehen. Weniger zu empfehlen ist das bei angeschlagenen Beziehungen. Denn Sie brauchen vor allem eines: gemeinsame Zeit.

machen ist! Aber in der Untervariante, die Ihren Mann so interessiert, ist es etwas anders: Das ist dann Irrationales Schach, in Fachkreisen auch *Der lange Arm des Affen* genannt. Und dieses kann freilich nur jemand gänzlich beherrschen, der wie ich …
Marianna:
– Schluss! Ich will zu einem Karneval! Jost!
Jost:
– Na gut …
Di Spila:
– *Oh! Che libidine! Che donna! Come una macilleria equina con un angolo di punizione!* Was für eine Frau!
Myago:
– Lieutenant Commander! Es hat Sie niemand gefragt!
O'Nelly:
– Seufz …
Allein, Cpt. G. O. O'Nelly verzagt nicht, sondern setzt sich an den Computer, fragt ihn nach der sichersten und überschaubarsten aller Karneval-Städte, Myago berechnet den Kurs, und in-

FRAGE: Investitionen. Das ist auch so ein Schlagwort, das zum Single-Dasein animiert. Was genau ist eigentlich eine Beziehungsinvestition?

SENGER: Ohne Beziehungsarbeit geht es nicht. Man hat für alles Zeit: für Sport, für Freunde, aber man teilt sich nicht von vornherein ein bestimmtes Zeitbudget füreinander ein. Zeit, in der man nicht erst recht wieder mit etwas anderem beschäftigt ist, sondern in der man nach den Gemeinsamkeiten sucht.

nerhalb von Minuten schwebt die von nur drei Mann Besatzung (freilich: nicht aber nur von zweien) steuerbare *U.S.S. Saint-Sussex-Severian* über der Küstenstadt Maceió.

– Die Vogeldamen von Maceió waren von hier? Oder gibt es da einen Planeten?

überlegt der Kapitän, während unten auf dem Sandstrand mit Kokospalmen schon das Spektakel beginnt und bevor er die folgenden Anweisungen erteilt:

– Di Spila! Sie bewaffnen sich und begleiten unsere Gäste durch den Unterdruck-Ptyaloelevator zu dem Tisch mit den Sesseln unter dem Palmblattsonnenschirm. Myago! Sie bewaffnen sich ebenfalls und errichten im Umkreis von 1,5 km um den Palmblattsonnenschirm eine Sicherheitszone, die niemand betreten darf, bevor er seine Fingerabdrücke und eine DNA-Probe abgegeben hat! Ich bleibe auf der Kommandobrücke und halte mit den Wärme- und den Bewegungssensoren Ausschau nach kriminellen Elementen!

Die Befehle werden ausgeführt. Das Ehepaar Rinderli sitzt unterm Sonnenschirm und schlürft gemeinsam an einem gewaltigen Kokos-Ananas-Mango-Cocktail. Marianna ist glücklich. Auch Jost vergisst kurz das Schachspiel und genießt den bunten Umzug. Zuckende Leiber mit Pfauenfedern. Trommeln. Ölglanz auf der nackten Haut, Schweiß, Parfums. Blaue Lidschatten und sieben Meter lange Wimpern. Glöckchen im Haar eines Monsters der Meere und glitzernde Steinchen als Flecken der tanzenden Kuh.

Doch dann, gewohnt emotionslos:

– Myago an Brücke, Myago an Brücke!

– Captain O'Nelly.

– Captain, ich habe hier ein Problem: Die DNA der fauchenden Katze und die des vibrierenden Schafs sind ... vollkommen ident!

– Siamesische Zwillinge?

– Negativ, Captain! Und das ist nicht alles: Auch der springende Stein, der lachende Kugelblitz und die gesamte Abteilung der Wassernixen weisen sowohl dasselbe DNA-Muster als auch dieselben Fingerabdrücke auf!

– *Damn!* Sicherheitszone abriegeln! Lichtpistole entsichern! Ruhe bewahren! Eskalation vermeiden! Di Spila wird mit den Rinderlis sofort aufs Schiff zurückkehren.

5 Minuten, 47 Sekunden früher:

– Ist das nicht herrlich, Jost? Diese vielen jungen Leute!

FRAGE: Wenn man sie suchen muss, ist es dann nicht schon ziemlich spät?

SENGER: Es ist gut, sie zu definieren. Zum Beispiel Kino. Zwei sehen sich vielleicht gerne Filme miteinander an und reden hinterher darüber. Oder sie lesen nacheinander das gleiche Buch und tauschen sich darüber aus.

FRAGE: Welche Investitionen fallen Ihnen noch ein?

SENGER: Der Aufbau einer erotischen Kultur und auch einer Esskultur. Denn satt werden kann man schnell: Es ist etwas im Kühlschrank, nimm dir was! Den Tisch schön zu decken, das ist eine Investition. Es geht auch um die Investition in sich selbst. Ich kann

– Ja. Und dieser Cocktail ...

– Francesco, was meinen Sie?

– Also, wenn Sie schon fragen, Frau Rinderli: Diese Frauen! Sie müssen wissen, in meinem neuen Leben! In meinem neuen Leben hatte ich noch keine und jetzt, wenn ich sie da so alle sehe ... *Belllllezze*! Und in meinem Heimatort, im schönen Rocca di Caprileone, gibt es einen Tanz, der dem hier so ähnlich ist und ...

– Möchten Sie nicht ein bisschen mittanzen? Ihre Kautschukuniform geht sicher als extravagantes Kostüm durch. Dann könnte ich mich nämlich endlich einmal wieder mit meinem Mann alleine unterhalten und ein ernstes Wort mit ihm reden.

– Wenn Sie meinen. Ich bin gleich wieder da.

LCdr. Francesco di Spila verlässt verbotenerweise seinen Posten und kommt so bald nicht zurück. Marianna lacht. Jost schweigt. Ein ernstes Wort? Er dachte, dass sie jetzt endlich zufrieden sei. Was soll er denn mehr machen, als ihr endlich einen Wunsch zu erfüllen? Mehr Wünsche erfüllen? Vielleicht. Aber was wird dann aus ihm und aus der Orang-Utan-Eröffnung?

– Lieber Jost! Ich sage gar nichts. Siehst du nicht, dass alles bestens ist? Komm, gib mir einen Strohhalm, du brauchst doch wohl nicht beide für dich allein.

– Ja. Nein. Bitte.

– Danke.

Einige Minuten vergehen. Böse bebende Leiber. Ekstatische Trommelwirbel. Pulsierende Hirnlappen. Die Wassernixen sind in die Sicherheitszone eingedrungen. Blaue Lidschatten und rhythmische Kontraktionen von Fleisch. Inzwischen auf dem Schiff:

– Brücke an Di Spila! Brücke an Di Spila! Kommen! Brücke an Di Spila! *Damn! Damn!* Wie oft werde ich noch feststellen müssen, dass auf den dummen Itaker kein Verlass ist? Ich werde selbst die Familie Rinderli retten gehen und mein liebes Schiff über dem brasilianischen Boden herrenlos schweben lassen müssen! Nun denn!

Der Kapitän streicht sich den Schnurrbart zurecht, wirft die Locke zurück und fährt mit den letzten Sicherheits- und Vorbereitungsmaßnahmen fort:

– Computer! Selbstzerstörung einleiten! Countdown 45 Minuten. Widerrufberechtigung für Captain Geronimo O. O'Nelly, Mr. Myago und Fleet Admiral Vernon Gregory of Lancashire. Ich werde doch meine *Severian* nicht ei-

ja am anderen nur wahrnehmen, was ich über mich selbst weiß. Meine blinden Flecken markieren die Grenzen meiner Wahrnehmung.

FRAGE: Noch so eine Urlaubsaufgabe.

SENGER: Es würde sicher zu weit führen, wenn der Urlaub auch noch der Verbesserung der Selbstwahrnehmung dienen müsste. Es kann aber dazu kommen. Wenn sich Leerräume ergeben, wenn da auf einmal drei Stunden sind, in denen nichts passiert, in denen ich einfach nur meinen Gedanken nachhängen kann.

Tipp 24
Die ideale Zeitspanne für den gemeinsamen Urlaub hängt davon ab, wie lange beide Partner brauchen, um zu regenerieren. Zumindest ein wenigstens zwei Wochen langer Urlaub im Jahr sollte dabei sein, ergänzt durch mehrere Kurzurlaube.

ner Gruppe von Gaunern und Nixen überlassen!
– Befehl bestätigen. Piep. Piep. Befehl bestätigen.
– Also, nochmal: Computer! Selbstzerstörung einleiten! Countdown 45 Minuten. Widerrufberechtigung für Captain Geronimo O. O'Nelly, Mr. Myago und Fleet Admiral Vernon Gregory of Lancashire. Ich werde doch meine *Severian* nicht einer Gruppe von Gaunern und Nixen überlassen!
– Selbstzerstörung eingeleitet, Countdown läuft. Ich wünsche Ihnen noch einen angenehmen Tag.
– Danke.
Der Kapitän eilt, so schnell ihn seine Füße und die Hochgeschwindigkeitsaufzüge tragen, zum Ptyaloelevator.
Inzwischen am Sandstrand:
Myago nähert sich unauffällig dem Palmblattsonnenschirm. Schon kann er Marianna und Jost Rinderli erkennen. Doch da sieht er eine dunkle Gestalt, vielleicht einen Schwarzstorch, die sich zu ihnen beugt. Er bleibt ruhig, geht langsam weiter.
Die dunkle Gestalt:
– Ja, ist das nicht das Paar Rinderli?
– Ja, das sind wir.

– Erkennen Sie mich nicht wieder?
– Nein.
– Und jetzt?
Die dunkle Gestalt nimmt die Maske ab.
– Ach, Sie sind ja der Zigarettenverkäufer von den Iguaçu-Fällen!
– Nun ja. So ziemlich.
– Wo haben Sie denn so schnell Deutsch gelernt? Setzen Sie sich doch zu uns!
– Gern. Aber Sie legen sich bitte unter den Tisch. Hier wird es nämlich gleich gefährlich. Und Herr Rinderli, seien Sie bitte so zuvorkommend und schützen Sie Ihre Frau mit Ihrem Körper. Wir benötigen sie nämlich lebend.
Der Zigarettenverkäufer zückt einen Smith & Wesson 500, einen zwar altmodischen, aber durchschlagskräftigen Revolver, dessen Kaliber von einem halben Zoll (12,7 mm) die Bezeichnung Magnum mehr als verdient und feuert drei Schüsse auf Myago ab. Der erste Schuss verfehlt, der zweite schlägt ihm eine tiefe Delle in den Brustkorb, der dritte reißt ihm die Stirnschädelplatte

FRAGE: Die Augenblicke der Selbsterkenntnis.

SENGER: Auf einmal komme ich drauf, dass ich zum Beispiel sehr viel Angst vor dem Älterwerden habe. Oder dass ich unmerklich in einen anderen Lebensabschnitt eingetreten bin und plötzlich ganz andere Werte im Kopf habe. Mir ist schon klar, dass man nicht mit einer Checklist losfahren kann, auf der Partnerschaftspflege, Selbsterforschung und womöglich noch die Intensivierung der Sinnlichkeit stehen. Man sollte sich aber bewusst sein, dass Urlaub ein Ausnahmezustand ist, der sehr vieles möglich macht.

aus gehärtetem Titan vom Kopf, dass die Leichtstromverkabelung zum Vorschein kommt. Myago zielt mit seiner Lichtpistole, allein die Schussbahn ist nicht mehr frei. Massenpanik bricht aus. Geheimpolizisten und plötzlich erschienene Spezialeinheiten geben Warnschüsse ab, um die Menge zu beruhigen. Mit mäßigem Erfolg.
Das macht sich der Zigarettenverkäufer zunutze und gibt den Wassernixen und den lebend gebärenden Hammerhaien den Befehl, nach dem Tischchen unter dem Palmblattsonnenschirm zu stürzen und Frau Marianna Rinderli der schützenden Umarmung ihres Mannes zu entreißen. Der aber ist nun endgültig aus der Dauerbenommenheit eines Schachsüchtigen erwacht und verteidigt seine Marianna heldenhaft: Einem Hammerhai verbiegt er das Kiefer dermaßen, dass er sich in Zukunft bestenfalls von püriertem Katzenfutter ernähren wird können. Einen anderen entledigt er der Flossen und auch mit den Wassernixen geht er nicht zimperlich um, sondern wie mit Weihnachtskarpfen: geschuppt, gezupft, filetiert, paniert und gebacken. Aber das alles hilft nichts. Noch bevor

Tipp 25

Nicht nur Urlaubsziel, -zeitpunkt, und -programm sind Verhandlungssache. Einigen Sie sich auch rechtzeitig darauf, welche Themen Sie im Urlaub aufs Tapet bringen wollen. Verhandeln Sie aber auf keinen Fall zu hart.

Myago und O'Nelly zu Hilfe eilen können, wird Jost mit einem Hammerhaihammer – natürlich heimtückisch und von hinten – bewusstlos geschlagen. Die Entführer schleppen Marianna zu einer Geheimtür im Sand und verschwinden mit ihr in den Tiefen.

Jetzt muss sich der Kapitän entscheiden: Wird er sein Schiff riskieren oder alle Kräfte einsetzen, um Marianna zu retten? Unter dem Sonnenschirm trifft er auf Myago, dem die bunten Drähte über den Augen hängen und der vergeblich versucht, sie wieder an ihren Platz zu befördern.

– Sie sehen mitgenommen aus, würde ich sagen.

– Es geht mir gut, Captain, sofern ein Android so etwas von sich behaupten kann. Wo ist Di Spila?

– Darum kümmern wir uns später. Aber sagen Sie mir eins: Wo ist die Geheimtür, worin die Bösewichte mit unserer Frau Rinderli verschwunden sind?

– Entfernung: 24,5 Meter. Azimut: 178°.

FRAGE: Wie viel von dem, was man erreichen will, gehört vorher vereinbart?

SENGER: Möglichst alles. Wir leben in einer Zeit der Verhandlungsmoral. Es gibt ja keine Strukturen, an die sich ein Paar halten könnte. Früher gab es die Sommerfrische, und da ist die Frau mit den Kindern eben hingefahren. Aber heute? Was nicht verhandelt wird, kann nicht stattfinden.

FRAGE: Das fängt beim Urlaubsziel an?

SENGER: Sicher. Einer empfindet Strandurlaub vielleicht als Strafe, weil für ihn nur Bildungsurlaub das Wahre ist. Wenn das nicht verhandelt wird, fühlt er sich immer als Opfer und erkennt darin auch noch einen Spiegel des Alltags.

– Ausgezeichnet, dann helfen Sie hier unserem Fahrgast auf, wir werden alle unsere verfügbaren Kräfte benötigen, um diesen Bösewichten unter der Erde gerecht zu werden. Ich werde die neuerliche Zerstörung der *Severian* riskieren!
Die Polizei schießt jetzt in die Menge. Kleinkriminelle erwidern das Feuer. Hubschrauber kommen geflogen. Einer verfängt sich mit dem Rotor im Geweih des *Schwimmenden Elchs* und stürzt auf einen gestrandeten Wal ab. Zahlreiche Explosionen, Feuer, Algen und Korallen steigen aus dem Meer und wickeln sich den verzweifelten Menschen um die Füße.
Myago verabreicht Herrn Rinderli eine Kokain-Adrenalin-Spritze, von O'Nelly erhält er eine Lichtpistole und die drei Helden machen sich auf zum Geheimgang.

5. Finsternis und Gänseblümchen — Professor Selchers unterirdisches Reich

Myago kehrt den Sand beiseite, O'Nelly hebt die Falltür. Ein tiefer, dunkler Schacht mit einer Leiter kommt zum Vorschein. Der Kapitän richtet sich den Kautschuk:
– Also dann: *Ready to rumble*! wie ich zu sagen pflege ...
– *Ready to rumble!*
wiederholt Jost Rinderli und denkt:

– Oje. Wäre ich nur nicht so unaufmerksam zu meiner lieben Marianna gewesen ... Hätte ich ihr nur mehr tropische Blumen gekauft! Wenn ich nur auf den Orang-Utan doch zumindest einige Stunden am Tag verzichtet hätte! Aber jetzt genug! Genug! Jetzt wird Marianna aus den Fängen dieser Bösewichte gerettet! Jetzt wird gehandelt! Und wenn alles versagt und dem Androiden alle Schrauben locker werden und ausfallen, wenn dem alten Kapitän der Löwenzahnorden und der Schnurrbart zu schwer werden, ich, ich werde mich als guter Ehemann erweisen und alles in Stücke schießen, was sich mir bei der Suche nach meiner geliebten Gattin in den Weg stellt! AIAIAIAI!!!

Auch das AIAIAIAI, der Schlachtruf, den Jost von seinem Rochen Rudi im Amazonasgebiet gelernt hatte, war natürlich nur gedacht und mitnichten ausgerufen, denn es gilt, leise und vorsichtig zu sein.

Mr. Myago, der gegen alle Arten von Geschützen von unseren drei Helden

FRAGE: **Einer will am Strand liegen, der andere bergsteigen. Sind nicht beide frustriert, wenn als Kompromiss Spaziergänge an einem Bergsee herauskommen?**

SENGER: Es gibt schon Kompromisse: Wenn er gerne taucht und sie gerne am Strand liegt, kann sie im Liegestuhl etwas lesen, während er unterwegs ist. Oder sie kann mit ihm schnorcheln. In einer guten Beziehung hält man es aber auch aus, bestimmte Dinge einfach getrennt zu unternehmen.

am resistentesten ist, steigt als erster auf der langen Leiter in den tiefen Schacht hinab. Aus seinen großen Zehen hat er je einen Kleinkaliberlichtgewehrlauf ausfahren lassen, was den Halt auf den Sprossen zwar vermindert, aber auch ein Android weiß ja nie, was alles in einem finsteren Schacht passieren kann, und ob er im Falle des Falles eine Hand frei haben würde. Es folgt ihm der Kapitän, Herr Rinderli ist der Letzte und schließt die Falltür hinter sich.
Man steigt. Stille. Nur das Echo der knarrenden Leiter. Hin und wieder fällt ein Wassertropfen irgendwoher irgendwohin. Man ist jetzt zehn Meter unter Grund. Jetzt 20. Bald sind es 30 Meter und es ist kalt geworden. Nur gut, dass O'Nelly immer Ski-Unterwäsche unter seiner Kautschuk-Ganzkörperuniform trägt und dass Herr Rinderli die Kälte aus den Alpen bestens gewohnt ist. Als die drei schon 50 Meter tief unten sind, beginnt eine Sirene zu heulen. 100 Meter unter Myago ruft ein Wächter etwas und leuchtet mit einer Taschenlampe den Schacht hinauf. Myago zielt mit seiner rechten großen Zehe und durchbohrt den Wächter vom Scheitel bis zur Kniescheibe mit einem Lichtstrahl. Das Echo wiederholt den Aufprall des Wächterkörpers noch an die zehn Minuten lang. Und nach weiteren 20 Minuten haben die drei endlich wieder festen Boden unter den Füßen. Die Sirene lärmt immer noch. Hier unten ist sie noch lauter.

– Die Taschenlampe des Wächters ist kaputt,
deutet O'Nelly, aber keiner sieht ihn, auch Myago nicht, denn in einer solchen Finsternis versagt selbst das beste eingebaute Nachtsichtgerät.
– *Damn*, dieser zermürbende Lärm,
flucht er, aber keiner hört ihn.
Myago berechnet den weiteren Kurs, was ihm schwer fällt, da er für interstellare, nicht aber für unterirdische Navigation konstruiert wurde. O'Nelly versucht, sich an eine der zahlreichen Eingebungen zu erinnern, die er im Traum von den höchst gebildeten Tempelhüterinnen von Baimun erhalten hatte. Doch Jost Rinderli nimmt Myago an den immer noch aus seiner Stirn hängenden Drähten und den Kapitän an der Stirnlocke, denn ein liebender Gatte kennt immer den Weg zu seiner Frau! (Besonders dann, wenn es nur einen einzigen Gang gibt.)
Es ist eine lange Wanderung durch die Finsternis. Eine sehr lange Wanderung, die nur einmal durch einen unspekta-

FRAGE: Jeder verbringt den Tag nach seinem Geschmack, und am Abend trifft man sich wieder?

SENGER: Warum nicht? Man kann den anderen ja später daran teilhaben lassen. Man muss nicht aufeinander kleben. Manche Frau geht gerne in ein Spa, während ihr Mann zum Beispiel ein Bewegungsmensch ist und Tennis spielt. In einer schlechten Beziehung können zu viele getrennte Wege im Urlaub aber fatal sein, denn so eine Beziehung braucht ja gerade die Nähe.

Tipp 26
Am besten gelingen Urlaube, bei denen je nach Lust und Laune alles drin ist: Tage zu zweit, Tage allein. Strand, Trip oder Bett. Essen gehen oder Hotel-Restaurant. Lassen Sie es sich offen, jeden Tag neu zu bestimmen, was Sie tun und was nicht.

kulären Schusswechsel mit zwei weiteren Wächtern unterbrochen wird, bei dem erwartungsgemäß deren Taschenlampen zur Unbrauchbarkeit beschädigt werden.

– Nur weiter, zügig Schritt für Schritt! Wer weiß, was meiner Marianna nicht schon alles zugestoßen sein mag ... Weiter!

denkt Herr Rinderli, als das Sirenengeheul verstummt und stattdessen mit einem ohrenbetäubenderem Knallen unzählige Neonröhren den Gang mit grellem, blendenden Licht erhellen. Aus einem Lautsprecher erklingt dabei Mariannas verzweifeltes Rufen nach Jost, gefolgt von einem schrillen, hysterischen Gelächter.

Jetzt haben sich Josts Augen endlich an die veränderten Lichtverhältnisse gewöhnt. Er erkennt vor sich einen breiten, völlig verglasten Raum, darin sich verschieden sitzende und stehende, verlangsamt blinzelnde Personen aufhalten: braun gebrannte Korsen, venezianische Gondolieri, böhmische Köchinnen, allerlei Außerirdische, neuseeländische Urlauber. Aber der Raum hat keinen Eingang.

O'Nelly lehnt an der Glasscheibe und ruft einer der Frauen zu, die er vom holographischen Deck zu kennen glaubt:

– Herrin, o Fürstin von Alkadahsch! Wohin sollen wir gehen?
Sie schweigt, der Captain fleht weiter, wendet sich an andere Frauen:
– Ihr weißbrüstigen Feen von Jouroun! Wenn ich euch in meinen Träumen mit den zartesten Lammkoteletts verwöhnt habe, dann antwortet mir!
Die Fürstin blinzelt in die Leere, die Feen blinzeln und antworten nicht. Der Kapitän ist enttäuscht. Das sind nicht die außerirdischen Damen, wie Geronimo O. O'Nelly sie am holographischen Deck und bei den Aufenthalten auf fremden Planeten zu lieben gelernt hat. Das sind nicht die Musen der Weltraumoffiziere, die Dichterinnen des düsteren Alls. Was soll das? Die Ähnlichkeit ist verblüffend. Myago schwant Übles.
– Nach rechts!
befiehlt Jost Rinderli und wechselt aus dem Stand in den Laufschritt. Doch bald lässt ihn ein furchtbarer Anblick erstarren: Hinter einer anderen Glasscheibe befindet sich ein weiß emaillier-

FRAGE: Zurück zum Sex. Wenn Männer im Urlaub öfter wollen ...

SENGER: Faktum ist, dass Männer einen steteren, konstanteren Trieb haben als Frauen. Er ist auch unter Stress da. Bei Frauen ist er gleich stark, aber nicht so konstant. Einmal ist er sehr stark, dann ist er wieder ganz weg. Eine Frau dagegen will nicht, wenn sie unter Stress steht oder sie findet, dass Mitternacht, wenn sie schon weiß Gott was hinter sich gebracht hat, nicht die Zeit ist.

ter Operationssaal, darin sich rot gekleidete Metzger um einen hellblauen Tisch versammeln. Was auf dem Tisch liegt ... Graus! Wer könnte es beschreiben? Die Metzger schleifen die Messer. Einer stellt ein Fernrohr scharf, ein anderer kurbelt an einem länglichen Endoskop. Herr Rinderli erbebt, schießt mit der Lichtpistole gegen die Scheibe. Das hätte er lieber gelassen, denn der Lichtstrahl wird reflektiert und trennt Myago ein Bein ab, sodass er sich von nun an nur noch hüpfend wird fortbewegen können. Myago trocken:

– Schon gut.

– Wir müssen weiter!

mahnt der Kapitän. Auf dem weiteren Weg durch nun unzählige Gänge mit unübersichtlichen Kreuzungen begegnen den dreien noch viele andere ungewöhnliche Dinge in den übergroßen Vitrinen: eine Gänseblümchenwiese, eine Drachengrotte samt Prinzessin und einem ausgebrannten Feuerwehrauto, ein mottenverseuchter Tresor, fliegende Geschlechtsteile, der schlafende heilige Severianus mit einer Milchkuh, die dreidimensionale Kindheit, der eindimensionale Tod. Am Ende des Weges aber steht ein weiß gekleideter älterer Herr

Tipp 27
Wohl dosierte Spontaneität ist ein Zaubermittel. Sie ist auch Gradmesser für die aktuelle Beziehungsqualität. Denn sie steht im Widerspruch zum Sicherheitsbedürfnis. Wenn die Beziehung selbst Sicherheit bietet, ist mehr Spontaneität möglich.

mit rosa Teddybärenschlapfen und grüßt:
– Guten Abend, meine Herren. Endlich. Ich habe Sie schon erwartet. Ich möchte nicht unhöflich sein, aber Sie werden bestimmt verstehen, wenn ich Sie um die Aushändigung Ihrer Lichtpistolen bitte? Sie müssen nämlich wissen, dass ich bei Zuwiderhandeln Ihr sofortiges und dennoch sehr unterhaltsam qualvolles Verderben herbeizuführen imstande bin. Ich kann es Ihnen gerne an dieser getigerten Katze hier demonstrieren. Bitte sehr. Oh! Ich habe mich noch nicht vorgestellt. Mein Name ist Professor Jürgen Selcher. Sie haben bestimmt schon viel von mir gehört.
– Der Selcher, der aus dem Gefängnis für abnorme Rechtsbrecher in Massachusetts ausgebrochen ist, obwohl er dort nicht inhaftiert, sondern angestellt war?
fragt Captain O'Nelly.
– Wo ist meine Frau? Was haben Sie ihr angetan?
fragt Jost.

FRAGE: Wovon im Urlaub kaum die Rede sein kann.

SENGER: Er bietet sich als unstrukturierte Zeit an. Jetzt können zwei nach dem Frühstück noch einmal aufs Zimmer gehen. Sie können mittags schlafen und am Nachmittag Sex haben. Die meisten Paare haben im Urlaub mehr Sex. Frauen haben im Urlaub auch bessere Orgasmen.

FRAGE: Warum?

SENGER: Weil eben der Stress weg ist.

FRAGE: Angeblich steigt die Libido von Männern auf Auslandsreisen, weil sie genetisch auf das breite Streuen ihres Erbgutes programmiert sind.

– Was für ein Geschäft treiben Sie da eigentlich, Mr. Selcher?
fragt wieder O'Nelly.
– Wissen Sie, was Sie sind?
fragt Jost.
– Aber bitte, bitte! Nicht so viele Fragen auf einmal, meine Herren. Zunächst einmal muss ich hier Herrn Myagos verbliebene große Zehe amputieren. Ich weiß ja, was in ihr steckt. Es macht Ihnen doch hoffentlich nichts aus, wenn ich dafür hier diesen Schlachtschussapparat verwende, den ich zufälligerweise bei der Hand habe? Nein? Also dann.
Myago trocken:
– Au.
– Und nun zu Ihren Fragen: Ja, ich bin aus dem Gefängnis ausgebrochen, wo ich den begehrten Posten des Chefpsychoanatoms inne hatte. Und zu meinem jetzigen Geschäft: Sie wissen, wie sehr sich die Admiralität vom Planeten Ashkansia für die sternenföderale Holographietechnik interessiert. Nun, ich versuche hier mit einigem Erfolg diese geheime Technologie zu kopieren, um sie an die Außerirdischen mit einigem Gewinn zu verkaufen. Der Vorschuss war zu verlockend. Und da ich nicht über die Allmacht der Konstrukteure aus den Sternenföderationswerften verfüge und die Hologramme nicht einfach so aus meinem beschränkten Geist zaubern

kann, brauche ich für meine Arbeit Vorlagen. Meine Hologramme, meine Herren, sind nämlich eins zu eins dem echten Leben entnommen. Das hat auch etwas für sich. Diese Lebensentnahme bedarf aber einer Vielzahl von Behandlungen des als Vorlage dienenden Individuums. Die meisten dieser Behandlungen konnten Sie schon auf dem Weg hierher bewundern. Jetzt möchte ich Ihnen deren Krönung demonstrieren!
– Wo ist meine Frau?
– Sie werden sie in wenigen Minuten zu Gesicht bekommen, mein lieber Herr Rinderli. Nur Geduld.
Prof. Selcher geht voraus in einen halbkugelförmigen, im Durchmesser mindestens einen Kilometer betragenden Saal, in dessen Mitte sich ein von einer Art Disco-Kugel beleuchtetes fünf mal fünf Meter großes Bett befindet.

SENGER: Es gibt auch die Theorie, dass Männer, die von Reisen heimkehren, nicht aus Liebesbedürfnis möglichst schnell mit ihrer Partnerin ins Bett wollen, sondern weil sie unbewusst hoffen, den Samen eines möglichen Rivalen sozusagen noch ausstechen zu können.

FRAGE: Der Mann, der im Urlaub sexuell aktiver wird – ist das nicht auch schon wieder so eine anstrengende Vorgabe?

SENGER: In einer gesunden Beziehung ist davon auszugehen, dass, wenn der Stress wegfällt und die Freiräume da sind, Sex beliebt ist.

6. Marianna droht Gefahr – Professor Selchers Urlaubstheorien

– So, Herr Rinderli. Jetzt können Sie sich aussuchen, wer die Behandlung vornehmen darf: der als Schwarzstorch verkleidete Zigaretteverkäufer, LCdr. Francesco di Spila, der hier in meinem Reich endlich seine Jungfräulichkeit einbüßen durfte und inzwischen als in Liebesdingen durchaus bewandert gelten darf ...

– Katze ...

Tipp 28
Urlaub belebt die Beziehung, er kann sie aber auch nicht mehr retten, wenn sie schon ganz kaputt ist. Dafür ist er genauso wenig geeignet wie das Zeugen von Kindern oder das Planen einer besonders idyllischen Weihnachtsfeier.

murmelt O'Nelly.

– ... oder doch lieber Sie selbst? Im Urlaub soll der Mann doch besonders potent sein! Oder bezieht sich das nur auf außereheliche Dinge, Abenteuer mit Schachdamen und Menschenaffeneröffnungen? Möglichst weit gestreutes Erbgut? Sehnen sich Frauen deshalb im Urlaub vermehrt nach Sicherheit, und sind sie deshalb im Urlaub besonders der Liebe bedürftig? Ich forsche noch daran.

Jedenfalls hat sich herausgestellt, dass Urlauber für meine Behandlungen am besten geeignet sind. Entweder sind sie sehr entspannt, was einen reibungslosen Ablauf garantiert. Oder es verursacht ihre übermäßige Anspannung eine Reibung, die wiederum zu überdurchschnittlich interessanten Hologrammen führt.

Oho! Ich weiß ja, wie es ist, ich habe ja auch einmal über der Erdoberfläche gelebt: Sie sagt vor dem Einschlafen dieses und jenes, fragt, ob er sie noch attraktiv finde, und er denkt sich: Was für eine Frage, ich will doch nur schlafen, ich bin müde, ich habe heute den ganzen Tag Verrückte lobotomiert, in einer Woche verreisen wir doch ohnehin nach den Malediven, dann, vielleicht …

Oder sie sehnt sich nach Veränderung. Allein, nach welcher? Nach Scheidung? Nach einem Leben am Meer? Jeden Tag ist er im Alltag bös zu ihr. Immer muss sie alles, alles machen. Ein Glück, wenns ihr genügt, dass er sie am Meer einmal auf ein Fischgericht eingeladen hat! Ein Pech, wenn nicht. Ganz großes Pech, wenn sie sich das Haus am Meer auch nicht für eine einzige Woche leisten kön-

FRAGE: Und wenn das nicht der Fall ist?

SENGER: Die Erkenntnis, dass man nicht miteinander schlafen will, ist sehr schmerzlich. Das kann man im Alltag leicht wegschieben, aber im Urlaub gibt es keine Ausrede. Man kann schlecht sagen, dass man ins Büro muss.

FRAGE: Dann wird der Urlaub erst richtig zum Stress?

SENGER: Das Thema Sexualität wird im Urlaub ja ständig provoziert. Man kommt nicht darum herum. Überall sind nackte Körper und schöne Mädchen, das Zimmer besteht aus fast nichts als einem Bett, und es hat schon eine Geschichte. Man hört etwas aus dem Nebenzimmer, man sieht, wie zwei

Tipp 29
Wenn Ihr Partner ein deklarierter Urlaubsmuffel ist, dann kann das an der verbreiteten, aber oft uneingestandenen Reiseangst liegen. Gewöhnen Sie ihn in diesem Fall langsam ans Urlauben, indem Sie anfangs möglichst viel Vertrautes einbauen.

nen. Ganz großes Pech, denn Häuser am Meer gibt es viele, und wo es Häuser gibt, da gibt es auch Besitzer.
Oder wie es sich in Ihrem Fall, Herr Rinderli, ganz bestimmt verhält: Die zwei haben sich so gern, aber es fehlt ihnen die Zeit, sich auch nur ein bisschen miteinander zu beschäftigen. Einmal im Jahr wird es diese Zeit, ach, geben! Einmal endlich können sie sich wieder in Erinnerung rufen, was sie voneinander seit den Flitterwochen längst vergessen haben. Dafür wechseln sie den Ort, legen sich auf den Sandstrand zu den Krabben und sehen sich gegenseitig an, wie sie in Badewäsche aussehen und haben nur den anderen im Kopf und cremen sich gegenseitig die roten Rücken ein und tauchen ihre Kappen in kaltes Wasser, um den Sonnenstich zu vermeiden. Und das kann verheerend sein, weil man ohne Sonnenstich oft feststellen muss, dass das, was in den Flitterwochen war, zu einer schweigenden Sandburgruine mit komischen, schauenden wegschauenden geröteten Augen geworden ist.
Oder: Er will um jeden Preis diese Erfahrung vermeiden und beschließt, dass in der einen Woche hundert Dinge zu besichtigen sind, damit es dann doch wieder keine Zeit für den anderen gibt.

Ich bin ein böser Professor. Und meinen Darlegungen nach müssen Urlauber unglaublich traurige Menschenexemplare sein. Aber was traurig ist, ist schön. Und was schön ist, macht glücklich. Mich beglückt meine Arbeit. Die Ashkansianer werden begeistert sein!
Herr Rinderli ruft:
– Aber es kann doch auch sein, dass man immer miteinander glücklich ist, immer, immer, immer! Jeden Morgen beim Frühstück, nach der Arbeit, während der Arbeit, in der Freizeit, die man alleine genießt, weil man weiß, dass es den anderen gibt und dass er immer nett ist, wenn man es braucht. Dass der eine den andern schon so gut kennt und deswegen – und was wollte ich eigentlich sagen? Nein. Und irgendwann braucht jeder Mensch ..., nein. Und dann fährt man irgendwann gemeinsam wohin und dort ist man genauso glücklich wie zu Hause! Geht das nicht? Nein?
– Neiiiin!!!!! Verzeihung. Ähem. Nein, mein lieber Herr Rinderli. Weil dann

verliebt sind ... Wenn dann bei einem Paar die Sexualität erloschen oder sehr schlecht ist, ja, dann wird der Urlaub zum Stress.

FRAGE: Was tun?

SENGER: Massagen helfen fast immer, das schafft Körperbewusstsein und dieses Gefühl, etwas zu bekommen.

FRAGE: Dann denkt die Frau noch, er massiert sie bloß wegen der Aussicht auf Sex.

SENGER: Auch so etwas ist Verhandlungssache (*lacht*).

tauche nämlich ich auf. Hehe. Und? Haben Sie sich eigentlich schon entschieden, was da jetzt passieren soll?

– ...

– Also noch nicht? Nicht schlimm. Sie haben noch ein bisschen Zeit. Wachen! Schickt mir Marianna, Di Spila und den Schwarzstorch herein!

Stille. Von der gewölbten Decke des halbkugelförmigen Raumes fällt ein Seil. Zuerst kommt der Schwarzstorch heruntergeglitten und landet gut gelaunt neben O'Nelly:

– Hallo! Ich denke, wir kennen uns bereits.

Als Zweiter gleitet noch besser gelaunt Di Spila von der 500 Meter hohen Decke, aber auf halbem Weg, als er unten seiner Vorgesetzten gewahr wird, vergeht ihm der Frohsinn:

– *Problema! Problema! Non voglio il gatto! Non il gatto! Non la figlia del capitano, per favore, Dio mio*!

O'Nelly:

– *Damn!* Die wirst du bekommen, die Kapitänstochter, die Katze, die neunschwänzige, du Nudel, du unnötige mit Pesto!

Myago:

– Sie kennen die Gesetze, Mr. Di Spila.

Der junge Offizier aus dem schönen Rocca di Caprileone versucht noch einige Minuten lang, sich die 250 Meter zur gewölbten Decke zurück wieder hochzukämpfen. Schließlich muss er einsehen, dass sein Bemühen zur Fruchtlosigkeit verdammt ist und setzt zaghaft so weit wie möglich von seinen Besatzungsmitgliedern auf.

Nun erscheint Marianna auf einer Wolke Parfum, von dicken blonden Putten umgeben und weint. Und sobald sie nach nur einem Achtzigstel der Strecke das Rufen ihres geliebten Mannes vernimmt, springt sie von der Wolke ab, hält sich am Fuß eines der kleinen geflügelten Knaben fest und landet engelsgleich in Josts Umarmung. Ein knapper, romantischer Dialog folgt, in dem beide erfahren, dass der andere wohlauf ist:

– Ach, Jost!
– Ach, Marianna!
– Du bist noch am Leben?
– Ja! Und du?
– Ja! Ich auch!
– Und ist dir nichts passiert?
– Nein! Ach, und dir?
– Nein! Mir auch nicht!
– Ach, Jost!
- Ach, Marianna!

Professor Selchers Kommentar aber lautet:

FRAGE: Was wären Ihre drei wichtigsten Tipps für einen schönen Urlaub?

SENGER: Ich glaube, ich habe das Wort Freude noch nicht erwähnt: Wirklich den Willen zu haben, dem anderen eine Freude zu bereiten, auch wenn es eine gewisse Überwindung kostet.

FRAGE: Besonders schwierig ist das, wenn die Beziehung schon angeschlagen ist.

SENGER: Ich empfehle solchen Paaren eine Wunschbox. Beide haben eine und werfen für jeden Tag einen kleinen Wunsch auf einem gefalteten Zettelchen hinein. Da steht dann kein Diamantring drauf, sondern eine Kleinigkeit, ein Kompliment über das Aussehen ...

– Ach, ein gelungener Urlaub also. Wollen wir nicht wieder an die Arbeit?

Derlei Bemerkungen findet mit Ausnahme des Zigarettenverkäufers keiner der Anwesenden besonders lustig, wenn auch Herr Rinderli der einzige ist, dem die Wut zu Geistesgegenwart und konstruktivem Handeln verhilft: Da keine andere Waffe zur Hand ist, packt er mit einer Kraft, in deren Besitz zu sein er sich vorher nie zu rühmen gewagt hätte, den armen Mr. Myago und schleudert ihn gegen Professor Selcher. Zu des Bösewichts Verblüffung explodiert obendrein Myagos Rumpf, die Arme fliegen nach den Seiten, Selcher wird bewusstlos und Myago zieht ihm mit seinen zwei verbliebenen Keramikzähnen die Lichtpistolen aus dem weißen Forschergewand. Der Zigarettenverkäufer verpasst Herrn Rinderli eine schmerzhafte Kopfnuss, es folgt ein Kinnhaken und Rinderli sinkt mit einer gebrochenen Nase zu Boden.

– Jost!

ruft Marianna.

– Weiterkämpfen, Rinderli! Die Nase bringen wir mit Zeta-Strahlen dann wieder in Ordnung!

Tipp 30

Machen Sie auch aus dem Archivieren der Erinnerung ein Ritual. Schauen Sie sich die Photos zumindest einmal gemeinsam an und kochen Sie dafür zum Beispiel ein Gericht, das Sie in diesem Urlaub besonders genossen haben.

mahnt der Kapitän und rächt den Angriff auf seinen Fahrgast mit einer wuchtigen Links-links-rechts-Kombination, die den Zigarettenverkäufer für bemerkenswerte 7 Stunden und 52 Minuten außer Gefecht setzt. Di Spila, von dieser Demonstration der ohnehin weithin bekannt entschlossenen Kampfweise des Kapitäns unangenehm beeindruckt, beschließt, sein Heil in der Flucht zu suchen.

– Aha! Di Spila, Sie Tortellino, wissen Sie nicht von meiner bloßhändigen Jagd auf die Herde der flinkfüßigen Rehweiblein von Podas-Ókys?

Di Spila weiß nur zu gut. Der Kapitän zieht ein 100 Meter langes Kabel aus Myagos umherliegendem rechten Arm, schon hat er den Lassoknoten gewunden, schon schwingt er das Kabel über seinem lieblich lockengeschmückten Haupt und Di Spilas Füße laufen, laufen weiter, aber der Oberkörper kommt lassobedingt zum Stillstand, was unweigerlich einen schmerzhaften Sturz des Italieners bewirkt. Jetzt bit-

FRAGE: ... ein bestelltes Kompliment wirkt trotzdem?

SENGER: Es macht Spaß. Man weiß ja, was auf den eigenen Zettelchen steht, aber nicht, welches an welchem Tag gezogen wird. Das Beziehungsklima verändert sich, und dann lösen sich viele Probleme ganz von selbst auf. Es kann auch ein Spaziergang drauf stehen, Hand in Hand.

FRAGE: Der zweite Tipp?

SENGER: Viele Urlauber glauben, sich jetzt einmal so richtig gehen lassen zu können. Ungeschminkt zu bleiben, unrasiert. Das mag schon gut sein, aber es sollte auch dieses Ritual geben: Heute am Abend mache ich mich schön. Ich halte das Optische für sehr wichtig. Urlaubszeit ist Augenzeit.

Tipp 31
Planen Sie Dinge, die Sie während der Anreise miteinander tun können. Machen Sie zum Beispiel gemeinsam Persönlichkeitstests, wie sie in Magazinen zu finden sind. Das wärmt für die Selbst- und Paarerfahrung im Urlaub auf.

tet der Kapitän Marianna, mit ihren geschickten Händen das Kabel zu einem perfekt kugelrunden Knäuel zusammenzurollen, wobei er selbst seinen widerspenstigen Untergebenen hurtig hineinarbeitet, sodass dessen Bewegungsfähigkeit auf ein absolutes Minimum reduziert wird.

Doch da fallen an die 1.500 Seile von der gewölbten Decke und ebensoviele muskulöse Wächter gleiten herab, Falltüren öffnen sich im glatten Boden und 2.300 Froschmänner recken die glänzenden Froschaugen heraus. Ein Kugelhagel-Strahlenregen-Gewitter folgt.

– Myago! Die Lichtpistolen! Feuer nach Ermessen!

befiehlt der Kapitän.

Myago feuert. O'Nelly feuert. Marianna Rinderli feuert. Jost Rinderli wirft mit den diversen Einzelteilen Myagos um sich, denn das ist nun ihre einzige naheliegende Verwendung.

– Rückzug! Alle unters Bett! Es wird unser Bunker sein. Myago! Sie beziehen auf der Bettmatratze Stellung und halten sie um jeden Preis!

Ein furchtbarer Kampf! Die Helden weisen eine Trefferquote von 95 Prozent auf, bei einer durchschnittlichen Schussfrequenz von jeweils fünf Schuss pro Sekunde. Es

ist leicht zu berechnen, wie viel Zeit verstrichen ist, bis die glorreiche Besatzung der *U.S.S. Saint-Sussex-Severian* und ihre Fahrgäste die feindliche Armee bis auf den letzten Mann vernichtet haben: (1.500+2.300)÷(4×5×0,95)= 200 Sekunden.

Nach beeindruckenden 3 Minuten und 20 Sekunden also haben die glorreiche Besatzung der *U.S.S. Saint-Sussex-Severian* und ihre Fahrgäste die feindliche Armee bis auf den letzten Mann vernichtet. *Quod erat demonstrandum.*

Immerhin reichte diese Zeit dem Feind dafür aus,

1. den ohnehin schon übel malträtierten, heldenhaften Myago bis auf die dreifach gepanzerte Festplatte zu zerstören,
2. den inzwischen aus seiner Ohnmacht erwachten Professor Selcher vorerst in Sicherheit zu bringen und
3. im Chor folgendes traurige, aber nicht minder aufmunternde Gedicht zu rezitieren:

FRAGE: Mögen Sie Ihren Mann mit Dreitagebart?

SENGER: Ja, sehr.

FRAGE: Tipp drei?

SENGER: Einmal täglich Körperkontakt.

FRAGE: Verordnet?

SENGER: Verordnet! Zumindest Hand in Hand einschlafen, sich streicheln, berühren. In meiner Praxis gibt es einen speziellen Paardialog, bei dem Mann und Frau Knie an Knie sitzen. Da erlebe ich es immer wieder, dass einer von beiden in Tränen ausbricht, weil sie schon so lange keinen Körperkontakt mehr hatten.

Die Sonne hellt das Haar
Dir auf, du liegst im Sand.
Was ist, was wird, was war,
Ist einmal eine Hand
Am Hals, der leichte Kuss
Vor einem Jahr, der Strand,
Die hohe Ziegelwand.
Wir sind ein Sonnenpaar.

– Aber wir sind wirklich ein Sonnenpaar, Marianna! Uns trennt keine Ziegelwand!
hatte es Jost Rinderli hinzuzufügen gedrängt.

7. Professor Selchers Flucht – Weitere Gefahr!

Der Kapitän kriecht unter dem Bett hervor und wirft die Locke zurück:
– So etwas habe ich das letzte Mal vor 34 Jahren erleben müssen, als ich mich durch eine komplizierte Verstrikkung der Umstände plötzlich im Schlafgemach der Geliebten der Amazonenkönigin befand. Wie dem auch sei: Herr Rinderli, Sie

Tipp 32
Vergessen Sie bei all den Tipps und Vorschlägen nicht, dass der Urlaub der Regeneration dient. Die Pflege der Beziehung nützt der Regeneration, aber nicht, wenn sie auf Druck geschieht. Dann nervt sie nur.

bekommen Myagos Lichtpistole und nehmen sich des Knäuels mit dem vermaledeiten Di Spila an. Und Sie, Frau Rinderli, Sie möchte ich bitten, Myagos Festplatte zu tragen. Folgen Sie mir!

Woher weiß Cpt. O'Nelly den Weg? Ganz einfach: Ziele von Wegen befinden sich in den meisten Fällen an der Wege Ende, abgesehen natürlich von dem Fall, dass der Weg selbst das Ziel ist, was bei der Suche nach Prof. Selcher ganz offensichtlich nicht zutrifft. Demzufolge weiß der Kapitän, wo das Ziel ist. Und wo ein Ziel ist, ist auch ein Weg, was wir ja bereits erfasst haben.

Die Helden wandern über Aluminiumbrücken, durch Eisenröhren, an Hainen von Unterweltsmaragdplatanen vorbei und gelangen zu einer vor langer Zeit errichteten, groß angelegten, fahl beleuchteten öffentlichen Toilette. Links zwei Waschbecken, ein Mistkübel und Papierhandtücher. Rechts sieben Kabinen. Hinten sieben Pissoirs.

– Jetzt haben wir es gleich!

stellt O'Nelly fest.

FRAGE: Wie kommt es zu so etwas?

SENGER: Das passiert sehr schnell. Es entsteht Scheu. Man denkt gleich daran, wohin das führen könnte. Daraus werden Scham und Angst, Angst vor Zurückweisung und Versagensangst bei Frauen genau wie bei Männern. Die Männer denken, jetzt bringe ich es nicht, und die Frauen, dass sie zu lange brauchen würden und deshalb einen Orgasmus vorspielen müssten. Aber wann wäre der richtige Zeitpunkt, um ihn vorzuspielen? Das alles ist so furchtbar, dass man es vermeidet. Woraus sich ein vierter Tipp ergibt.

– Was für ein Urlaub, ich liebe dich, Jost!
jubelt Marianna.
– Noch ist er nicht vorbei, mein Liebling,
erwidert Jost.
O'Nelly öffnet die erste Kabine, die zweite, die dritte, die vierte, die fünfte, die sechste und schließlich die siebte! Und tatsächlich. Da sitzt Professor Selcher!
– Dass Sie gefährlich sind, Herr Kapitän, habe ich gewusst! Aber Ihre Fahrgäste habe ich unterschätzt! Das war vielleicht die Macht der Liebe ... Nun ja. Ich reise jetzt nach Ägypten, dort gibt es einen Sonnengott, der mir als Ersatz für Frau Rinderli dienen wird. Mit der *Severian,* die sich inzwischen in meiner Gewalt befindet, werde ich mich dann nach Ashkansia begeben und die bestellten Waren abliefern und unermesslichen Reichtum erlangen.
– Sie werden nirgendwohin reisen, Selcher, Sie sind verhaftet und werden sich vor dem sternenföderalen Gericht zu verantworten haben. Und übrigens: Die *Severian* ist inzwischen zerstört. In meiner Voraussicht hatte ich den Selbstzerstörungs-Countdown eingeleitet.
– Ja, und ich hatte in meiner Voraussicht ein Hologramm Ihres Flottenadmirals erstellt. Auch Admiräle machen manchmal Urlaub. Und er hatte doch eine Widerrufberechtigung? Nun, und jetzt entschuldigen Sie mich, ich werde mit meiner als Wasserklosett getarnten Kapsel

mein unterirdisches Reich verlassen. Leben Sie wohl!
– Feuer!!
brüllt O'Nelly, aber es ist schon zu spät, die Kapsel ist geschlossen, das Triebwerk ist entfacht und das kleine Luftfahrzeug bahnt sich den Weg aus den Tiefen des Erdreichs an die brasilianische Frischluft. So wird allerdings die Statik der gesamten unterirdischen Anlage gestört und der kleinen Gruppe droht die Verschüttung!
Werden sie dieser weiteren Gefahr entkommen? Werden sie je das Tageslicht wiedersehen? Welches Schicksal erwartet den Sonnengott vom Nil?
Antworten auf all diese Fragen in *Starship Severian, Episode 323 – Der Sonnengott.*

FRAGE: Ja?

SENGER: Das ist vielleicht überhaupt der wichtigste Tipp: das Vermeiden vermeiden.

FRAGE: Das Vermeiden vermeiden?

SENGER: Das Phänomen des Vermeidens hat die Liebesehe mit sich gebracht. Früher gab es diese Ansprüche nicht, dadurch konnte es auch keine Enttäuschung geben. Die Kriterien waren wirtschaftliche Sicherheit, Verlässlichkeit und so weiter. Es gab keinen Anspruch auf seelische Verbundenheit, wie wir ihn jetzt haben. Der Mann hat mit seinen Freunden und die Frau mit ihren Freundinnen geredet. Bis die kognitive Wende kam, hat der Knigge geregelt, wann eine Ehe gut und wann sie schlecht war.

Tipp 33

Erwarten Sie, auch wenn Sie noch so gut vorbereitet in den Paarurlaub gehen, keine Wunderdinge von Ihrem Urlaub. Wenn Sie jeden Tag besorgt überprüfen, ob sich die Wirkung schon eingestellt hat, bleibt sie ganz sicher aus.

Ondřej Cikán

Starship Severian, Episode 323 — Der Sonnengott

0. Was bisher geschah

Professor Selcher ist mit einer Rettungskapsel vor unseren Helden O'Nelly und dem Ehepaar Rinderli aus seinem unterirdischen Reich geflüchtet. Davor gab er an, die *Severian* mithilfe eines Hologramms des Fleet Admirals in seine Gewalt gebracht zu haben und kündigte an, nach Ägypten zu reisen, um einen Sonnengott zu entführen. Di Spila wurde von O'Nelly mit einem Kabelknäuel gefesselt, und es erwarten ihn drei Dutzend Schläge mit der neunschwänzigen Katze wegen Verrats. Von Myago ist nach einem

Kampf nur die Festplatte übrig geblieben. Nun sind die Erdmassen über Selchers unterirdischem Reich dabei, einzustürzen und O'Nelly und seiner kleinen heldenhaften Gruppe droht die Verschüttung.

1. Die Rettung – Der Admiral ist kein Bastard

Unendliche Düsternis. Nur helle Punkte ab und zu. Hin und wieder spucken in der unermesslichen Ferne Vulkane Lava auf die Oberfläche fremder Planeten.

In einer Galaxie, ebenso düster und verlassen wie langweilig, fallen die sieben Pissoirs von der Wand der unterirdischen öffentlichen Toilettenanlage, in der die Helden um ihr Leben bangen. Aus den Wasserklosetts schießen Strahlen von Wasser, das langsam den Raum füllt. Gewaltige Felsbrocken fallen von der Decke. Die Tür lässt sich nicht mehr öffnen. Marianna stellt fest:

– Mein lieber Jost! Es ist zwar unser letzter Urlaub, wie es scheint, aber es ist auch unser schönster gewesen.

Cpt. Geronimo O. O'Nellys Geist arbeitet fieberhaft und kommt zu folgendem Schluss:

– Keine Angst! Wir haben noch einen

Tipp 34

Halten Sie sich nur an solche Empfehlungen, die Sie selbst als richtig und stimmig erkannt haben. Beziehungen sind so individuell wie die Menschen selbst. Denken Sie offen und ohne Tabus darüber nach, was Sie und Ihren Partner glücklich macht.

Ausweg! Wir versuchen die unermessliche Strecke ans Tageslicht durch den Schacht zurückzulegen, den des *damn* Professor Selchers Rettungskapsel durch ihre unglaubliche Schubkraft geschaffen hat! Auf, liebe Freunde!
– Und was wird aus dem pubertären Spaghetti?
fragt Jost, der bisher dafür zuständig war, den in das Kabelknäuel gearbeiteten Di Spila vor sich herzurollen.
– Den trage ich jetzt selbst! Er wird doch nicht meinen, dass er der Peitsche entgehen könnte! Vorwärts!
Der Kapitän schultert also Di Spila, Jost übernimmt von seiner Frau Myagos Festplatte und hilft ihr nun dabei, im Schacht Halt zu finden, als plötzlich ein allen wohlbekanntes Geräusch zu vernehmen ist – das Dröhnen des Unterdruck-Ptyalo-Elevators, jenes ausfahrbaren, auf Rohrpostart funktionierenden Aufzugs der Sternenföderationsschiffe. Schon stehen ihnen unterdruckbedingt die Haare zu Berge, und in wenigen Augenblicken befinden

FRAGE: Was alles vermeiden Paare?

SENGER: Berührungen, Zärtlichkeit, Fragen, Kontakte mit anderen. Bei den Kontakten liegt es oft an der Bequemlichkeit, der Fernseher wird Freunden vorgezogen. Dabei können Kontakte der Sauerstoff einer Beziehung sein.

FRAGE: Fällt Ihnen noch ein fünfter Tipp ein?

SENGER: Vielleicht wäre es gut, vor dem Urlaub eine Paarberatung zu besuchen. Es gibt ja auch Gratisberatungen. Das wird sich aber wahrscheinlich ohnedies nur ein Paar trauen, dem es gut geht. Alle anderen würden dabei womöglich zu dem Schluss kommen, dass sie es lieber bleiben lassen und jeder seinen eigenen Urlaub macht.

sie sich in einem der Hinterbeine des *Schwimmenden Elchs.*

Fleet Admiral Vernon Gregory of Lancashire empfängt sie.

O'Nelly begrüßt ihn folgendermaßen:

– Jetzt freuen Sie sich auf meinen linken Haken, Sie geselchter, kahlköpfiger, holographischer Bastard!

– O'Nelly, alter Knabe! Temperamentvoll wie immer, Sie gefallen mir! Sie irren sich: Ich bin nicht mein Hologramm, das habe ich bereits vernichtet. Ich bin der echte Admiral.

– So?

– Ja. Frau Rinderli, ich hoffe, Sie konnten Ihren Liebesromantikurlaub zu zweit genießen?

– Es war perfekt! Abenteuerlich! Erregend! Ein Kompliment an die Besatzung!

– Ausgezeichnet. Sie waren auch zufrieden, Herr Rinderli?

– Ja. Und ich habe viel gelernt!

– Na, bestens. Um Ihre gebrochene Nase kümmern wir uns dann später, würde ich vorschlagen, jetzt sollten wir uns mit Kaffee auf dem holographischen Deck Nr. 22 stärken, und der

Tipp 35

Beobachten Sie Ihre Beziehung auf der Rückreise. Abgesehen vom Entspannungseffekt: Was hat sich positiv verändert? Was könnten Sie tun, um diesen Effekt auch im Alltag zu erzielen? Notieren Sie es, und heben Sie sich den Zettel auf.

alte Knabe hier benötigt, wie ich ihn kenne, ein Brandyfass. Übrigens, darf ich vorstellen? Vice Admiral Frederic Harker und Madame Delorian (wie Di Spila frisch wiederbelebt und doch schon in Blüte). Die *Severian* ist ja bekanntlich von drei, nicht aber von weniger Besatzungsmitgliedern steuerbar und ständig kampfbereit zu halten.

– Sehr erfreut.

– Sehr erfreut.

– Vice Admiral, rollen Sie Di Spila ins Verlies! Madame Delorian, Sie bringen Myago in die Werkstatt und bauen ihn in einen neuen Körper ein.

– Ay, ay!

– Ay, ay!

2. Auf Deck Nr. 22 – Des Admirals missglückte Ferien

Das Ehepaar Rinderli, der Admiral und der Kapitän haben mit dem Hochgeschwindigkeitsaufzug das holographische Deck erreicht. Sie setzen sich

FRAGE: Nummer sechs?

SENGER: Paare sollten ihre Bedürfnisse abstecken. Laut einer Untersuchung der Universität Göttingen sprechen 66 Prozent der Männer und 52 Prozent der Frauen in einer Beziehung nicht über ihre Bedürfnisse. Aber 40 Prozent würden die Bedürfnisse erfüllen.

FRAGE: Um welche Bedürfnissen geht es?

SENGER: Etwa um eines nach Phantasien, nach Kommunikation, nach Abenteuer, nach Freiheit, danach, einmal einfach nichts zu tun, im Bett zu bleiben und die Rollos unten zu lassen. Oft hat man gar keinen Zugang mehr zu seinen Bedürfnissen, weil man sie immer wegschiebt. Man kennt sie selbst nicht mehr.

Tipp 36
Beobachten Sie andere Paare am Urlaubsort und analysieren Sie sie. Was finden Sie an ihrem Verhalten interessant, was komisch? Was würde ein anderes Paar an Ihnen interessant und was komisch finden? Erörtern Sie dieses Thema gemeinsam.

im süßen Vogelgetzwitscher an die von zarten Zwergbirken und weichen Heidel- und Preiselbeerpölstern umgebene Bar, bestellen, und Madame Transistorians lange schlanke Finger reichen die lebensspendenden Elixiere in kunstvoll gefertigten Schalen und Gläsern.

– Sie wundern sich bestimmt, wie ich hergekommen bin, nicht wahr?

fragt der Admiral und fährt sich triumphierend über die glänzende Glatze.

– In der Tat.

– Ich habe über die ISIS (Interstellare Intelligenz und Sicherheit, *Anmerkung*) von Professor Selchers Unterschlupf und Plan erfahren und bin sofort mit dem Teilchenbeschleuniger angereist, da ich wusste, dass es auch ein Hologramm von meiner Wenigkeit gibt, für das ich mich nach seiner Elimination auszugeben gedachte. Madame Delorian und Vice Admiral Frederic Harker hatten den Befehl, sich mit der quirligen Raumfähre *U.S.S. Sim-Simian-Sibirian* in der Nähe aufzuhalten. Sie stießen zu mir, nachdem ich mit zwei inzwischen überwältigten Hologrammen von Selcher auf Ihr Schiff geschickt worden war und seine Selbstzerstörung im letzten Moment abgewendet hatte.

– Hm,
seufzt O'Nelly.
Frau Rinderli fragt:
– Und wie kam es, dass es dem Bösewicht gelang, Sie zu entführen und holographisch zu kopieren?
– Das ist eine Geschichte, die mir peinlich ist. Aber ich werde sie gerne erzählen, damit der seufzende O'Nelly hier nicht den Eindruck hat, dass ich immer schon der strahlende Retter war, der jetzt in meiner Person vor Ihnen sitzt! Nun denn: Nachdem ich aus dem 45 Jahre dauernden Amazonenkrieg zurückgekehrt war, in dem ich mit der stolzen *U.S.S. My-Middlesex-Meridian* gedient hatte, erhielt ich einen Funkspruch von meiner Angebeteten Tänzerin Charlotte Kral, der ich all die 45 Jahre lang Briefe virtuos-erotischen Inhalts verfasst hatte: Sie lud mich ein, meinen Landurlaub mit ihr in einem Haus zu verbringen, das sie zu diesem Zweck im kleinen, südfranzösischen Küstenstädtchen Collioure gemietet hatte. Ich freute mich unvorstellbar!

FRAGE: Was halten Sie von Spielen?

SENGER: Viel! Homo ludens, der spielende Mensch! Spielen ist auf jeder Ebene wichtig. Der Besuch von Animationsveranstaltungen, oder einfach tanzen. Tanz ist überhaupt das Beste. Da bildet sich der Kosmos der Partnerbeziehung im Kleinen ab. Einander sehen, mitschwingen, aufeinander eingehen, führen, führen lassen ...

FRAGE: Wie steht es mit „Mensch ärgere dich nicht“?

SENGER: Man kann auch dabei Emotionen beobachten, auch beim Kartenspiel, vorausgesetzt, es ist nicht das gleiche Spiel, das man auch im Alltag immer spielt.

Sie müssen wissen: Charlotte war zwar nur 15 Jahre jünger als ich, also auch schon recht reif, aber sie hatte durch ihren Beruf eine ausgesprochen ansprechende und von Natur aus überaus handliche Figur. Und einen Hintern von einer solchen Rundung und von einer solchen Festigkeit, wie man sie bestenfalls von Sonnen kennt, die als Rote Zwillingsriesen bezeichnet werden! Und Schenkel wie dorische Säulen! Und dichtes Haupthaar von einem so vielschichtigen Duft, wie ihn selbst der brasilianische Urwald mit seiner üppigen Flora nicht zu exhalieren imstande ist.

Ich wusste aber nicht, dass sie außer mir auch noch

1. ihre sympathische Freundin aus Wien,
2. ihre Mutter, die wir mit meiner fliegenden Untertasse vom Mars abholen mussten und
3. irgendeinen komischen Wassermatrosen aus Hamburg, den sie sympathisch fand,

eingeladen hatte.

Sie alle musste ich dann mit meiner teuren Untertasse herumführen und sie haben die ganze Zeit geredet und allerlei gewollt. Und ich fluchte im Stillen ohne Pause, dass ich mich zu diesem Ausflug hatte hinreißen lassen.

Tipp 37

Rufen Sie sich kurz vor der Halbzeit Ihre Reformvorhaben für Ihre Beziehung in Erinnerung. Läuft es gut? Könnte es besser laufen? Es liegt immer noch an Ihnen, Sie haben noch immer alle Möglichkeiten. Das Zaubermittel heißt Offenheit.

Dann noch das Haus: Es gab dort keinen Butler, auch kein Hologramm eines Butlers, von einem Koch ganz zu schweigen. Und statt eines Geschirrspülandroiden war dort ein in die Wand eingebauter Wasserhahn mit einem Becken darunter! Und der gesamte Ort war so wüst: drei Hütten und sonst nur das Meer und Steine.

Weil ich ein Gentleman bin, erklärte ich mich dann trotz allem bereit, einfache Speisen zuzubereiten, den Tisch zu decken etc. Ich hoffte auch, dass Charlotte mir dabei assistieren würde. Aber weit gefehlt! Sie trank mit ihrer Mutter Tee und schickte mir den Matrosen. Und am Abend spielten sie dümmliche Brettspiele, die auf jeden Fall nicht geeignet waren, das strategische Denken eines Föderationsoffiziers zu schärfen. Also ging ich abends immer allein zum Gestade des fischedurchwimmelten Meeres und streckte meine Hände gegen den sternichten Himmel und flehte zu denen, die ihn bewohnen, einen neuen, tränenreichen Krieg zu beginnen,

FRAGE: Ist Urlaub die Zeit der Spontaneität?

SENGER: Es wäre ein Paradoxon, sie zu verordnen. Außerdem ist es nun einmal so: Menschen haben ein hohes Sicherheits- und Kontrollbedürfnis. Darauf zu verzichten, heißt auch, sich auszuliefern. Das ist spannend und grundsätzlich empfehlenswert, aber für viele Menschen einfach nicht machbar. Wenn Spontaneität zugelassen werden kann, ist das jedenfalls ein Zeichen für eine stabile Beziehung. Es läuft immer wieder darauf hinaus: Der Urlaub ist eine Prüfung!

der es mir erlauben würde, die düstere Erde zu verlassen und wieder nach der Unendlichkeit aufzubrechen!
– Sie Armer! Und in der Nacht im Bett? Wie war es da?
fragt Jost Rinderli.
– In der zweiten Nacht sagte sie mir, dass sie nicht länger mit mir in einem Zimmer zu schlafen gedenke, wenn ich immer so schlecht gelaunt sei. Sie übersiedelte zu ihrer Mutter und statt ihr kam der Matrose und legte sich neben mich.
– Eine grausame Frau!
wirft Marianna ein.
– Ich stand auf und kühlte meinen kahlen Schädel mit einem nassen Schwamm. Das Schlimmste aber war, dass sie offenbar ein Auge auf den Matrosen geworfen hatte. Sie machte ihm immerfort Komplimente. Und sie schwang ihre Hüften vor seiner Nase! Ich wurde furchtbar schwach. Auch das Sitzen bereitete mir schon Schmerzen. Einmal kündigte ich meine sofortige Abreise nach Lancashire an, aber die aggressive Reaktion aller meiner Mitbewohner überzeugte mich, zu bleiben. Sie brauchten mich, weil außer mir keiner über eine Untertasse verfügte. Sie wollten jeden zweiten Tag einen Ausflug unternehmen und ich musste sie chauffieren, aber meine Hände waren zittrig, mein Blick war trüb, weswegen wir einmal fast von einem landenden Truppentransporter erfasst worden wären, wenn sich in unserer Flugbahn nicht ein

plötzlich entsprossener Baum befunden hätte, der unseren Kurs um 45° nach Backbord korrigierte.
Und nach allem, was Sie gehört haben, wird es Ihnen wohl kaum noch verwunderlich erscheinen, dass ich früher oder später unausweichlich einen Nervenzusammenbruch zu erleiden hatte. Ich lag auf dem Bett in meinem Zimmer, mir wurde kalt, und da begannen zuerst meine Gliedmaßen zu zittern, dann kam der Kopf hinzu und schließlich erbebte verkrampft auch mein Rumpf. So war ich für Professor Selchers Schergen ein leichtes Ziel.
Als die Nerven sich beruhigt hatten und ich wieder der Sinneswahrnehmung mächtig war, befand ich mich mit aufgeschnittenem Bauch in einem fünf mal fünf Meter großen Krankenhausbett und lag dort alles andere als allein! Sie können sich schon vorstellen, was ich dort erleben durfte. Es waren mir eine potenzfördernde und eine schmerzstillende Substanz verabreicht worden, und meine Bettgenossinnen

machten den Eindruck, sehr lange sich selbst überlassen gewesen zu sein. Eine von ihnen sah Charlotte verblüffend ähnlich, war aber erst um die 20. Sie hatte rosa Brustwarzen ... Nun, ich denke, die Details behalte ich für mich.

Jedenfalls verlangt es die Natur, dass ein Mann nach gewissen Arten der Anstrengung einem tiefen Schlummer verfällt. So war es damals auch bei mir, und als ich abermals erwachte, befand ich mich mit wieder zugenähtem Bauch im Zimmer des furchtbaren Hauses, und Charlottes Mutter behandelte mich mit Wadenwickeln, weil unsere Abreise bevorstand und ich wieder als Lenker benötigt wurde.

– Eine furchtbare Geschichte,

sind sich alle einig.

– Also mein Mann und ich ...

beginnt Madame Transistorian ...

3. Madame Transistorian — Gedichte in magnolischen Sommern

– Also, mein Mann und ich besitzen ein Sommerhaus, genauer gesagt eine Art Burgruine auf Magnolia. Sie liegt auf einem waldumschatteten Berg, hat einen Garten und in der Nähe ist eine Wiese auf dem Hang, von der aus

man eine prächtige Aussicht auf eine weite Ebene hat,
erzählt Madame Transistorian, und alle sind ganz verwundert, nicht nur, weil sie der Sprache mächtig ist, sondern vor allem, weil sie sich ihrer von sich aus und unaufgefordert bedient. Nur O'Nelly bleibt gelassen. Er schlürft in aller Ruhe weiter seinen Brandy, denn es gibt kaum jemanden, der in die Geheimnisse der Holographie tiefer eingedrungen ist und die Weitsicht der allwissenden sternenföderalen Schiffskonstrukteure gelehrter zu würdigen weiß als er. Außer ihm weiß zum Beispiel niemand um die Fähigkeit Madame Transistorians Bescheid, die platonischen Ideen zu schauen. Niemand außer ihm kennt die Leidenschaft eines vierbeinigen úrgâdonischen Mädchens Namens Anna für Vergissmeinnichtsträußlein oder die verbotene Lehre von den heißen Steinen der Schlangenfrauen von Jucharé. Ihn verwundert so leicht nichts.
Madame Transistorian fährt fort:

„Es kommt zum Beispiel darauf an, in welcher Richtung man schläft"

Meister Anand stammt aus einer brahmanischen Familie, die indischen Königen diente und ihnen die Zukunft offenbarte. In die Astrologie wurde er von seinem Großvater eingewiesen. Wir sitzen mit ihm an einem sonnigen Sommertag in einem Café im Hundertwasser-Bad Blumau im steirischen Hügelland. Meister Anand verlangt dort für seine astrologischen Dienste gesalzene Preise und unterweist Paare in Sachen Urlaubsglück.

Tipp 38
Denken Sie daran, auch im Urlaub gemeinsam Kontakte zu schließen. TV im Hotel ist zwar wesentlich bequemer und manchmal vielleicht angesagt, aber durch Gespräche und Erlebnisse mit Anderen können Sie sich als Paar immer wieder neu erleben.

– Dort verbringen wir mit den Kindern und Enkelkindern so gut wie alle unsere Urlaube. Und weil wir schon so lange verheiratet sind, laufen sie so gut wie ohne zwischenmenschliche Konflikte ab: Mein Mann, Monsieur Kompressorian, hat dort seine Arbeit mit der Instandhaltung der Burgruine, und ich habe genug Bücher, vor allem Gedichte, zum Lesen mit, und genug Zutaten zur Zubereitung köstlicher Gerichte. Für die Zeit, in der die Kinder alleine spielen und für die Zeit, in der ihnen langweilig wäre, besitze ich einen Schrankkoffer mit einer Vielzahl von Ideen für unterhaltsame wie pädagogisch wertvolle Beschäftigungen: Zum Beispiel schlagen wir im Garten unter dem Kastanienbaum mithilfe eines Sonnenschirms und einer Decke ein Zelt auf, das wir als Dromedar bezeichnen, und dort spielen wir Indianer. Ich bin die Stammesälteste und belehre die jungen Krieger und Squaws über heilende Kräuter und Insektensekrete, über die Kunst des Bogenschießens und des Wurfs mit dem Kriegsbeil, nicht zuletzt aber auch über die moderne Poesie und die Grundlagen der Komposition in der Malerei und Architektur. Und ich führe sie in den Wald und enthülle ihnen mein ihnen unendlich scheinendes Wissen über die

Gewohnheiten des Wildes und die Ursprünge des klaren und des schwarzen Wassers und ich lehre sie Gedichte, die sie zu heiligen Gebeten der stolzen Apachen erklären:

Mir ist ein Quell ganz von Kristall
Im tiefsten Wald vertraut.
Rings wachsen dunkle Farne dort
Und rotes Heidekraut.

Zur Tränke unterm Ahornstamm
Führt einer Hindin Spur.
Der Vogelschwarm kommt untertags.
Die Hindin nächtens nur.

Legt sich zum Schlaf der tiefe Wald,
Von Stille rings umhüllt,
Dann ist der Himmel wie der Quell
Von Sternengold erfüllt.

(Josef Václav Sládek: Lesní studánka, Erde, 1894, Übersetzung: O. Cikán)

Meinem lieben Kompressorian begegnen wir zumeist nur bei den Mahlzei-

FRAGE: Meister Anand, wie sollten sich Paare auf einen gemeinsamen Urlaub vorbereiten?

ANAND: Ich denke, dass Zufriedenheit sehr wichtig ist. Vertrauen ist das Fundament einer Partnerschaft – wenn man einander vertraut, dann gibt es keine Probleme.

FRAGE: Das ist alles?

ANAND: Ein weiterer Grundpfeiler ist die Freiheit. Denn Liebe meint und braucht die Opferbereitschaft beider Partner. Paare müssen offen sein für Kompromisse. Vor allem, wenn es um verschiedene Hobbys und Angewohnheiten geht. Der Urlaub sollte aber auch nach astrologischen Gesichtspunkten geplant werden.

ten, bei denen er entweder schweigt, aber das kenne ich, oder uns die Probleme des Dachdeckens und der Nacktmullbekämpfung auseinandersetzt. Manchmal trinkt er am Abend ein Bier und freut sich ausnahmsweise mit den Kindern und mir Karten zu spielen. Dann sind wir keine Indianer mehr, sondern Piraten, wobei ich den Kindern meine Tauglichkeit zur Seeräuberei demonstriere, indem ich meine dritten Zähne herausnehme und mich zu einem kräftigen Schluck magnolischen Inländerrums überwinde.

– Dritte Zähne? Ein Fass Inländerrum bitte,

sagt O'Nelly und fügt in Gedanken verloren hinzu:

– *Damn.* Wenn ich das Gedicht mit der Hindin höre, kommen mir immer die Tränen. Warum?

Das Fass wird herangerollt.

– Und wie machen Sie es nachts?

fragt Marianna.

– Nachts? Nachts schlafen wir, was denken Sie denn, ich bin ja schon altes Gerät! Aber manchmal erwachen wir, wenn die Vorhänge weiß sind vom Mond, und dann unterhalten wir uns flüsternd, mit vom Schlaf noch warmen, in die Daunendecken vergrabenen Wangen. Da kehren wir in unsere Jugend zurück und ich werde wieder so, wie ich Ihnen hier erscheine: mit dichtem Haupthaar, appetitlichen Rundungen ... Und mein Kompressorian zitiert:

Die Sonne facht dir nun im Schlaf
nach wildem Ringen
Im goldnen Haar ein Bad mit ihrem
sanften Schein
Und deiner Wange Duft wird ihr
entgegenklingen [...]

(Stéphane Mallarmé: Tristesse d'été, Erde, 1864, Übers.: C. Fischer)

Fleet Admiral V. G. of Lancashire sagt:
– Madame Transistorian, Sie sind eine glückliche Frau.
– Ich kenne auch Gedichte!
sagt Jost.

Mit Wind im Kleidchen hoffst du, dass
Sich alles wiederherstellt.
Und Schweiß. Du läufst, das Kleid ist nass,
Bis sich die Rettung querstellt.
Ich lieg im Straßengraben, blute
Stark, du hältst nicht an.
Und Hoffnung treibt die weiße Stute
Auf die Autobahn.

(Ondřej Cikán, Pferdegedicht Nr. 1, Erde, 2009)

FRAGE: Ja?

ANAND: Die Planeten können Energie und Enthusiasmus bringen, oder das Gegenteil. Daher ist ihre Position entscheidend. Es ist auch wichtig, die richtigen Farben für die Reise auszuwählen.

FRAGE: Was sind die richtigen Farben?

ANAND: Wer die falschen Töne wählt, schwarz zum Beispiel, wird sich nicht aus der Depression befreien können. Es ist besser, weiß oder eine helle Farbe zu wählen.

Marianna dankt mit einem innigen Wangenkuss.
Und der Admiral erinnert sich plötzlich:
– Das ist hübsch! Ich kann auch ein Pferdegedicht auswendig, das habe ich in der Schule gelernt!

Ich schleiche mit dir durch die Nacht
Auf deinen Dauneneisen.
Gott hat dich mir still gemacht,
Man hört die Krähen kreisen.

(Ondřej Cikán, Pferdegedicht Nr. 11, Erde, 2009)

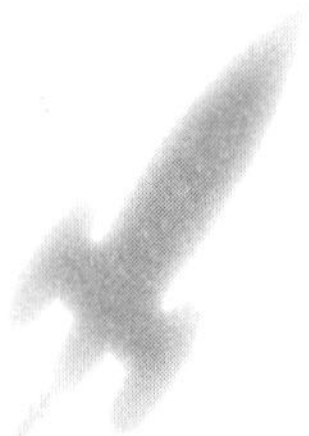

Tipp 39
Suchen Sie ganz bewusst nach Erfahrungen, die Sie nur an diesem einen Ort und sonst nirgends machen können. Es gibt Ihnen die Möglichkeit, einander neue Facetten abzugewinnen. Beobachten Sie sich selbst und Ihren Partner dabei.

O'Nelly stellt fest:
– Jaja. Ganz gut, durchaus. Das sind die Gedichte, anhand derer der gute Geschmack der Volksschulkinder gebildet wird. Aber hören Sie dieses Gedicht!

(Das hier von O'Nelly rezitierte Gedicht befindet sich wie viele weitere im letzten Teil des vorliegenden Bandes. Dort lässt sich ihre unglaubliche Wirkung am eigenen Leibe erfahren!)

Allen sind heiße Tränen in die Blicke geschossen. Sie fallen sich gegenseitig um den Hals. So schön ist die Menschen verbindende Liebe! Die Liebe, die Marianna ihrem Jost jetzt zehnmal in Folge versichert, und Jost schwört seiner Marianna heulend und immer wieder von bitteren Schluchzern unterbrochen die ewige Treue. Der Admiral schlägt sich mehrmals mit der flachen Hand gegen die Glatze und zieht in Gedanken Vergleiche zwischen seinen eigenen, teils geheimen Beziehungen und dem in den Gedichten Gesagten. Madame Transistorian wiederum zieht sich weit hinter die Bar zurück und verwendet ein Wollgeschirrtuch, um sich die vielen Liter lacrimaler Flüssigkeiten aus dem geröteten Gesicht zu saugen. O'Nelly schenkt sich Inländerrum nach.

4. Isis und Osiris – Es trennen sich die Wege

Auch die mysteriöse Göttin Isis hat das Gedicht vernommen. Sie weint in

FRAGE: Was schlagen Sie für die Auswahl des Reiseziels vor?

ANAND: Es zahlt sich immer aus, die Möglichkeiten und Wünsche im Voraus in Ruhe zu besprechen. Wenn das Paar das Reiseziel gemeinsam ausgesucht hat, wird alles sehr viel einfacher sein. Der Plan sollte die Wünsche beider verbinden, dann werden viele Probleme gar nicht erst auftreten.

FRAGE: Gibt es Reiseziele, die eine bessere Energie ausstrahlen als andere, und die Sie daher besonders empfehlen würden?

ANAND: Vor dem Buchen sollte man möglichst viele Informationen über die zur Auswahl stehenden

Tipp 40
Reden ist wichtig, aber auch gemeinsam zu schweigen ist eine Kunst. Experimentieren Sie damit. Verbringen Sie ein paar Stunden bewusst ohne Worte miteinander. Befreien Sie sich von der Routine der verbalen Kommunikation, und entdecken Sie sich im Stillen neu.

ihrem Tempel auf dem wogenumleckten Eiland inmitten des Nils, denn sie erinnert sich ihrer mehrfach neu entfachten, sengenden Verzweiflung zwischen dem Tod und der Wiederbelebung ihres grünlichen Gatten Osiris: Jahre, Jahre suchte sie den ganzen Erdkreis ab, bis sie endlich ein duftendes, würfelförmiges Stück Fleisch im schilfdurchwirkten Nilwasser fand und ein Oberschenkelstück des Osiris darin erkannte, denn der finstere Seth hatte ihn mit einem Eierschneider getötet. Jubeld sprang sie in die von den anmutigen Bewegungen der heiligen Krokodile gekräuselten Wasser und sammelte Würfel für Würfel ein, legte sie auf ein fünf mal fünf Meter großes Bett und setzte sie wieder zusammen. Alle Stücke hatte sie gefunden, nur den lieblichen Phallus nicht, den sie also aus Rosenholz nachbilden ließ und einsetzte. Er gefiel ihr ganz gut, wie er auf dem Liegenden dastand. Also verwandelte sie sich flott in einen Falken, flog in eine Höhe, die ihr angemessen erschien, um sich dann, nach einem durch ihre perfekte Aerodynamik blitzartigen Sturzflug wuchtig daraufzusetzen. Daraus resultierte zweierlei:

1. Osiris erstand von den Toten, um gleich wieder zu ihnen zurückzukehren und ihr Herrscher zu werden und

2. der Sonnengott Horus wurde gezeugt,
wobei man natürlich feststellen muss, dass es zu der Zeit bereits einen Sonnengott gab, nämlich Re.
Der Seilbahningenieur Josef Schimmer aus Innsbruck und die bildhübsche Marmor-Großhändlerin Eva Hinterbacher aus Wien, Ottakring sind jedenfalls ein Paar, das, während unsere Helden von der *Severian* Gedichte rezitieren und weinen, im ägyptischen Ferienort Al-Kam-Selkh unter der enormen Sonne am Strand liegt, nicht ahnend, in welcher Gefahr es sich befindet: zum Beispiel ist die *U.S.S. Blood-Billy-Barbarian,* das Raumschiff, mit dem das Paar angereist ist, bereits kläglich in die delphindurchhüpften Wogen des Meeres gestürzt.
Josef stellt fest:
– Ich brauche keine Sonnencreme, ich bin Horus, der Gott mit dem Falkenkopf.
– Aber geh, mein Lieber, es hat 50 Grad im Schatten und wir sind der weithin Schatten spendenden Schirme fern!

Hotels einholen, und zwar nicht nur hinsichtlich Lage, Service und Preis. Es geht etwa auch um die Architektur.

FRAGE: Warum?

ANAND: Manche Häuser haben eine gute Energie, sind schöne, harmonische Orte, das fühlt man. Aber es gibt viele Orte, an denen die Harmonie nicht stimmt, und das hängt unter anderem mit der Architektur eines Hauses zusammen.

FRAGE: Konkret?

ANAND: Viele Menschen neigen zum Beispiel dazu, unaufmerksam gegenüber den Wegen innerhalb eines Hauses zu sein. Dabei sind die Bedürfnisse der Bewohner und ihre Art und Weise, das Haus zu be-

– Nein! Ich bin Horus, und meine Augen sind der Mond und die Sonne. Wie sollte ich mich mit den eigenen Blicken verbrennen? Bräunen werde ich mich!
Josf Schimmers Brust bläht sich. Eva denkt:
– Er war schon beim Packen unerträglich, und ich musste alle seine Dinge auspacken und wieder einpacken, weil er sich nicht gemerkt hatte, was schon im Koffer war und was nicht. Und dann beschwerte er sich noch: Du hast meinen Sonnenhut vergessen (*Anmerkung*: mitnichten ein Hut gegen die Sonne, sondern der Hut ist die Sonne) und auch mein Sonnenmonocul (*Anmerkung*: ein für das allzu strahlende rechte Auge Josefs absolut unabdingbares Utensil!). Und jetzt übertreibt er es auch mit seinem Gottgehabe, kümmert sich nicht um mich, steigt mit mir in das salbende Meeresnass nur am Abend und nur gegen Westen, weil es ihm nur auf diese eine Weise erlaubt sei, sein loderndes Feuer zu löschen. Und wenn wir nicht gerade streiten, schweigt er. Nun. Vielleicht suche ich mir nach diesem Urlaub einen andern. So geht es nicht weiter. Ich darf ihn nicht einmal berühren!
Während Eva dieses und anderes

Tipp 41
Stellen Sie die Fragen, für die es daheim immer zu spät war, oder die Sie aus anderen Gründen aufgeschoben haben. Schreiben Sie eine Liste und deklarieren Sie die Fragen auch als lange ungestellt. Urlaub ist die Zeit der Antworten.

überlegt, tritt ein Nacktmull neben sie und sagt:
– Darf ich Ihnen eine Schnorchelexpedition nach der einsamen Insel Selkh-Al-Madahm anbieten?
– Gerne. Aber wenn mein Horus mitkommen soll, muss die Insel gegen Westen liegen, und die Expedition muss um die Zeit des Sonnenuntergangs beginnen.
– Sie liegt gegen Westen. Und erreichen kann man sie nur nachts.
– Ausgezeichnet. Der Sonnengott ist dabei!
ruft Josef unerwarteterweise und rollt mit den Augen. Der Ton seiner Haut ist durch die Einwirkung der Sonne ins Schweinchenrosa geglitten.
Höchste Zeit für die Mannschaft der *U.S.S. Saint-Sussex-Severian*, zur Rettungsaktion aufzubrechen!

Di Spila ist bereits ausgepeitscht worden und schwört, nun nicht nur ein neuer Mensch, sondern auch ein guter Föderationsoffizier geworden zu sein.

nutzen sehr viel wichtiger als oberflächliche Fragen wie der äußere optische Eindruck.

FRAGE: Was müsste man vor einem perfekten Urlaub also klären?

ANAND: Man müsste theoretisch den Lauf der Wasserlinien unter dem Hotel berücksichtigen, die Richtung, in der man beim Schlafen liegt und natürlich auch die beim Hotelbau verwendeten Materialien.

FRAGE: Das ist schwierig.

ANAND: Natürlich ist das schwierig, aber wenn zu viele dieser Faktoren nicht stimmen, ist das Urlaubsglück von Anfang an belastet. Frauen leiden bei falschen Bedingungen oft unter Kopf- und Unterleibsschmerzen.

Myago ist wieder ganz der Alte. Nach einem langen und tränenreichen Abschied von der Besatzung der *Severian* haben der Fleet Admiral, der Vice Admiral und Madame Delorian mit Marianna und Jost Rinderli an Bord der Raumfähre *U.S.S. Sim-Simian-Sibirian* die Rückreise nach dem Schweizer Spreitenbach angetreten.
Captain Geronimo O. O'Nelly betritt die Kommandobrücke mit verwegenem Blick, wie immer am Beginn eines neuen Abenteuers. Myago und Di Spila drehen sich in ihren Sesseln um und sehen ihn voll Ehrfurcht und Bewunderung an, Myago mit einem fabriksneuen, Di Spila mit einem durch die verbüßte Strafe sehr überholungsbedürftigen Gesichtsausdruck. Der Captain befiehlt:
– Ägypten! Volle Kraft voraus!
Aber: Ob es nicht schon zu spät ist?
Eva und Josef sind in die Schwimmflossen geschlüpft und haben sich die panoramafensterbildschirmgroßen Taucherbrillen aufgesetzt. Der Nacktmull ruft:
– Folgen Sie mir!
Er springt in die den Sonnenuntergang spiegelnde Flut und gräbt einen Gang hinein. Eva und Josef tun es ihm gleich.
Gänge zu graben ist die ureigenste Beschäftigung der Nacktmulls, die üblicherweise die Erde unter den Kellergeschoßen einsamer Wochenendhäuser bewohnen. Die größte Gefahr für diese Wesen ist es, in einem der eng an

den nackten Körper anliegenden Gänge eine Dauerreaktion zu bekommen und stecken zu bleiben. Dann nämlich muss der Nacktmull entweder den langsamen Hungertod erleiden oder sich der Erektion entledigen, indem er sich den Penis abbeißt. Das ist zwar schmerzhaft, aber die Natur hat an alles gedacht, und der Penis wächst wieder nach, sobald der Nacktmull junge Kartoffeltriebe zu sich genommen hat, wie sie sich eben häufig in den Kellern einsamer Wochenendhäuser finden lassen. Dieser sein naturgemäßer Zwang, in fremde Wohnstätten einzudringen, macht den Nacktmull für Prof. Selcher zu einem geeigneten Schergen.

Das aber ist Eva und Josef ebensowenig klar wie die Tatsache, dass Selkh-Al-Madahm Prof. Selchers private Insel ist, in deren Abgeschiedenheit er seinen abartigen Geschäften nachgeht. Deswegen versuchen beide die Augenblicke zu genießen, in denen sie sich nicht um Kommunikation bemühen müssen, weil das sie umgebende

FRAGE: Wie soll man vorgehen?

ANAND: Man kann schon erkennen, ob ein Haus effizient ist und die Gesundheit sowie das Glück derer befördert, die darin wohnen. Es ist immer die Frage, wie viel Zeit man darauf verwendet. Man kann sich sehr wohl Eindrücke davon verschaffen, ob ein Hotel eine reine Zimmerburg ist, oder ob eine gewisse Nachhaltigkeits- und Erholungsphilosophie zugrunde liegt.

Element es ohnehin nicht zulassen würde. Es ist finster geworden. Der Meeresspiegel über ihnen spiegelt die Sterne. Die reiche Fauna der See mit dem Sehsinn zu bestaunen ist nicht möglich, aber ab und an erfreuen sich die Schnorchler am plötzlichen Körperkontakt mit einem in ihren Unterwassergang eingedrungenen, schleimigen Seeteufel, Delphin oder Oktopus.

5. Selkh-Al-Madahm – Manchmal hilft nur eine Art von Trost

Nach mehreren schönen Stunden haben die Österreicher und der Nacktmull die Insel erreicht. Zuerst besteigt der Nacktmull die wogenumschäumten Steine am Ufer, dann Eva, und als schließlich Josef Schimmer alias Horus das Wasser verlässt, geht vor ihnen zwischen den Palmen die Sonne auf. Horus spuckt den Schorchel aus und stellt fest:

– Ah! Wie diese Palmenblätter glänzen in meinem ersten Licht! Nur dieser Ort, Selkh-Al-Madahm, vermag es, mich zu einem solchen Spektakel zu inspirieren!

– Aber geh. Auf der Thaliastraße in

Tipp 42
Beobachten Sie sich im Urlaub: Sie werden feststellen, dass Sie mit Ihrem Partner anders umgehen als zu Hause, und er mit Ihnen. Durch die geänderte Umgebung nehmen Sie sich besser wahr. Versuchen Sie beide, etwas davon in den Alltag zu retten.

Ottakring gibt es sowas jeden Abend. Am Ende der Straße die tiefrote Sonne, über dir Finsternis, die Leitungsdrähte der Straßenbahnen glühen weiß, und die Autos werden schwarze Flecken und ihre Scheinwerfer scheinen schwächer zu sein als ins Feuer geworfene Taschenlampen.

– Aber das ist am Abend, Eva! Der Morgen ist etwas anderes!

– Na und? Das Spektakel ist dasselbe!

– Gut. Also werde ich mindestens bis Mittag wieder schweigen.

– Dann schweig!

Zwischen den Palmen erkennen sie das Dach eines karibisch anmutenden Cocktailhäuschens und dahinter ein weißes, mindestens 20-stöckiges Gebäude. Die Stimme eines Animators ist zu hören:

– Und jetzt alle in den Pool! Und jetzt *Sex on the Beach* für alle!

Eva fragt den Nacktmull:

– Ist das ein Hotel? Kann man da auch Ferien machen?

– Ja, aber nur mit einer persönlichen

FRAGE: Wie lange dauert der ideale Urlaub zu zweit?

ANAND: Wenn ein Paar auf Urlaub fährt, um frei zu sein, sind die Aktivitäten wichtiger als die Dauer. Wenn man sicherstellt, dass man gemeinsam genug unternimmt, wird das Freiheitsgefühl verstärkt. Gemeinsame Unternehmungen sind eine wundervolle Möglichkeit, mehr über den Charakter des Partners zu lernen und einander in neuen Situationen zu begegnen.

Einladung von Professor Selcher. Ihnen beiden ist eine solche jedenfalls gewiss. Kommen Sie! Ich führe Sie durch die Anlage!

Sie legen ihre Flossen ab und nähern sich dem Cocktailhäuschen. Zu ihrer Rechten: ein blühender Kaktus.

– Das ist ein blühender Kaktus.

– Oh!

Zu ihrer Linken: zwei aufgeblähte Wasserleichen.

– Das war ein Unfall. Sie sollten von den Haien gefressen werden, aber die hatten gerade keinen Appetit.

– Aha.

Professor Selcher nähert sich ihnen in seinen Teddybärpantoffeln und lächelt. Die *Saint-Sussex-Severian* nähert sich der Insel. 25 bunte Wasservögel nähern sich.

Professor Selcher grüßt:

– Guten Morgen, meine Lieben! Willkommen auf meinem bescheidenen Eiland! Ich bin Jürgen Selcher, Professor der Klassischen Philologie, das heißt der Wissenschaft von der Liebe. (Eine am Ende des 21. Jahrhunderts entstandene falsche Ableitung. Philologie bedeutet in Wirklichkeit Liebe zur Sprache, *Anmerkung.*) Ich hoffe, es gefällt Ihnen hier. Ich habe für Sie ein romantisches Zimmer reserviert. Es befindet sich darin ein fünf mal fünf Meter großes Bettchen, und ich darf mich einer Vielzahl von Gästen rühmen, die sich durch ihre hohe Konsumation von *Sex on the Beach* zur Befriedigung so-

wohl des großen als auch des kleinen Appetits animieren lassen, wenn Sie es wünschen. Für Herrn Horus haben wir hier zum Beispiel eine Menge üppiger Blondinen und schlanker, dunkelhaariger Jünglinge. Und für Sie, Frau Eva, wird sich bestimmt der eine oder andere einfühlsame Muskelmann finden, genauso wie zärtliche rotlockige Mädchen für lange, nächtliche Gespräche und stämmige brünette für die wohlig wärmende Beihilfe bei der Hygiene.
– Ähem,
räuspert sich Eva.
– Ausgezeichnet!
freut sich Josef, dessen Nase und Schultern bereits die Röte der Walderdbeere angenommen haben. Und der Professor lacht:
– Hahahaha!
Inzwischen hat die *Severian* die Insel erreicht, wurde aber von Selchers privater Luftwaffe und der Fliegerabwehr zum Abdrehen gezwungen und nahm Kurs auf Kreta. Dort geht ihre Besatzung an Bord eines gemieteten

FRAGE: Welche Programmpunkte sollten auf jeden Fall dabei sein?

ANAND: Meditation und Yoga sind großartig, aber auch einfache Dinge wie Nordic Walking können sehr gut sein. Sport und Bewegung haben einen großen Vorteil: Man kann den Partner bewundern, man sieht, welche Anstrengungen er meistert, oder wie elegant er sich bewegt. Man denkt: Das ist meine Frau, und ich bin froh und stolz, dass sie solche Dinge schafft.

Ruderboots, in der Hoffnung, auf der Insel rudernd weniger auffällig landen zu können als mit dem gewaltigen Schlachtschiff.

– Hahahaha!

lacht der Professor abermals, aber zu unrecht. Denn Evas Trennungsgedanken stehen keineswegs im Widerspruch zu ihrem Verlangen, den Urlaub ohne eine Verletzung ihres weiblichen Stolzes zu überstehen, und es gelingt ihr, mal mit Diplomatie, mal mit Gewalt die üppigen Blondinen und die schlanken, dunkelhaarigen Jünglinge von ihrem Josef fernzuhalten. Tatsächlich trägt er aber auch selbst viel zum Misslingen des bösen Plans des Professors bei, indem er sich viel zu oft und viel zu lang, ohne Kopfbedeckung und ohne Wasser zu trinken, der ermüdenden Sonneneinstrahlung aussetzt. Wenn die Nacktmulle wüssten, wie schädlich der übermäßige Genuss der Sonne für die Potenz ist, könnten sie ihr erektionsbedingtes Leid halbieren! Außerdem entdeckte Josef hinter dem Cocktailhäuschen einen Tischtennistisch und Eva hielt es einige Zeit lang für ein wieder erhöhtes Interesse an ihrer Person, wenn nicht sogar für neu

Tipp 43

Gehen Sie am vierten Tag mit Ihrem Partner essen. Inszenieren Sie das Essen wie ein erstes Date. Ziehen Sie sich schön an. Dann betrachten Sie ihn, schauen Sie ihm in die Augen, nehmen Sie ihn wahr und fragen Sie ihn: Wie geht es dir eigentlich?

entflammte Liebe, dass er fast suchtartig mit ihr spielen wollte. Aber sein Spiel war miserabel, und es fiel ihr schwer, ihn gewinnen zu lassen. Wenn sie ihn dann nach mehreren Stunden endlich zum Aufhören bewegen konnte, schwieg er wieder, blickte grimmig auf seine Zehenspitzen und war weder durch freundliche Stöße gegen die gerötete Schulter, noch mit einfallsreichen Witzen zu besänftigen, geschweige denn zum Lachen zu bringen. Und Lachen wäre ja die halbe Medizin!

Einmal sitzt Eva beim Abendessen. Sie genießt mit Zitronengras gefüllte Langusten. Eine der stämmigen Brünetten legt ihr Besteck auf den Teller, steht auf, schleicht zu Eva und streicht ihr leicht über den Rücken.
– Also bitte!
ruft Eva empört.
– Verzeih mir meine Aufdringlichkeit. Aber ich beobachte dich schon seit Langem und dein Haar ist so hell und golden, ich möchte es dir kämmen.

FRAGE: Und sie kann sich das gleiche über ihren Mann denken.

ANAND: Wichtig ist aber eben, dass diese gemeinsamen Aktivitäten auch gemeinsam ausgesucht werden. Denn am meisten steigert es die Qualität des Urlaubs, wenn man das, was man alleine am liebsten tut, zu zweit machen kann.

FRAGE: Wieso geraten so viele Beziehungen ausgerechnet im Urlaub in die Krise?

ANAND: Das ist vielfach eine Folge schlechter Kommunikation. Meine Frau zum Beispiel liebt es zu reisen — wir verreisen fast jeden Monat gemeinsam —, aber es gibt Menschen, die von Natur aus Angst vor dem Reisen haben, die

Tipp 44
Wenn Sie eine glückliche, gesunde Beziehung haben, dann überfrachten Sie sie nicht mit Konzepten. In so einer Beziehung wirkt der Urlaub unmerklich als Verjüngungskur. Alle Dinge geschehen, ohne dass Sie das bewusst vornehmen müssen.

– Sie möchten mein Haar kämmen?

– Ja. Und meine Freundin, auch eine stämmige Brünette wie ich, hat sich besonders in deine Taille verliebt. Sie würde dir die Knöpfe deines Hemdes öffnen und schließen und öffnen und schließen. Komm, gehen wir auf dein Zimmer in das große Bett!

– Wieso?

– Das ist auf dieser Insel so üblich. Jürgen will es so. Es ist herrlich! Wenn wir uns nähergekommen sind, dann passiert noch irgendwas, etwas Duftendes. Und am nächsten Tag begegnest du hier im Speisesaal dir selbst! Und am Abend kämmst du dich dann selbst, wenn du willst, oder du lässt dich von dir selbst kämmen, das ist dann der Höhepunkt!

– Aber ich würde lieber weiter meine Langusten essen.

– Das kann warten, jetzt komm, komm!

Der Sonnnengott setzt sich mit einem Gesicht wie ein gekochter Krebs und einem Teller Venusmuscheln in der Rechten dazu.

– Eva! Tu, was Selcher befiehlt! Diese Insel ist ein Paradies für mich! Ich war noch nie mir selbst (der Sonne, *Anmerkung*) so nah wie hier!

– Gna-gna-gna!

antwortet Eva, steht auf, verlässt mit der Brünetten den Speisesaal und denkt:
– Es ist ja nur Kämmen! Alles ist besser als mit diesem Trottel an einem Tisch zu sitzen.
Die Sonne geht unter. Es ist Nacht geworden. Horus ist in die Unterwelt hinabgestiegen und flattert über der Sonnenbarke des Re, die gegen Osten zurückkehrt. Josef flattert durch die Gänge von Prof. Selchers Hotel. Leise gleitet der Kamm durch Evas goldenes Haar wie ein durchs Fischmeer treibendes Netz. Ihr Brustkorb hebt und senkt sich. Still öffnen sich die Knöpfe ihres Hemdes, und es offenbart sich die samtene Haut. Zuckende Schenkelmuskulatur und miteinander sich verwebende Zehen.

sich unsicher fühlen und lieber zu Hause bleiben. Dann bedarf es besonderer Vorbereitungen, die Sicherheit geben.

FRAGE: Uneingestandene Reiseangst also?

ANAND: Genau. Ein anderer Punkt ist, dass sich manche Leute im Urlaub über nichts Gedanken machen wollen. Wieder andere sind voll von Sorgen, und ihr Geist ist nicht frei. Das sind die Gründe, warum es vom astrologischen Standpunkt aus wichtig ist, die richtigen Tage für den Beginn der Reise zu wählen.

6. Die Rettungsaktion läuft an — Aber was rettet die Liebe?

Mitternacht. Das Ruderboot legt am steinigen Gestade der Insel an. Eine

Wolke zieht am Vollmond vorbei, ein Wind streicht durch die Palmenblätter.

– Myago! Können Sie mit Ihrem eingebauten Radar Eva Hinterbacher oder Josef Schimmer orten?

– Nein, Captain!

– Gut, Myago! Mir aber haben es im Traum die Katzenfrauen von Saba verraten. Folgen Sie mir. Sie, Di Spila, bleiben beim Boot und entsichern Ihre Lichtpistole!

– Ay, ay!

– *Ready to rumble*!

O'Nelly richtet Locke, Schnurrbart und Kautschuk und tritt in die tuschefarbene Finsternis zwischen Felsen und Palmen. Myago ihm nach. Sie schleichen. Vor ihnen bescheint der Mond zwei blanke Schädel, die aus der Erde ragen: Nacktmullschädel. Leise und vorsichtig räuchern O'Nelly und Myago sie aus. Dann schleichen sie an zwei Wachtürmen vorbei. Die Wachen sind damit beschäftigt, Zikaden abzuschießen und bemerken sie nicht. Endlich erreicht man die Mauer des Hotels. Eins der Fenster im Erdgeschoß ist offen. Der Kapitän und sein Erster Offizier klettern hindurch.

Tipp 45

Etablieren Sie eine eigene Urlaubskultur mit Ritualen, die Sie selbst entwickeln können. Das kann vom gepflegten Imbiss am Strand bis zum Eincreme-Ritual reichen: Der Sonnenschutz als glitschig-zärtliche Berührung ist altbewährt.

– Myago! Frau Eva Hinterbacher befindet sich hinter der zweiten Tür links und liegt mit zwei Brünetten im Bett. Befriedigen Sie die Brünetten und bringen Sie Frau Hinterbacher da raus! Ich hole Herrn Schimmer. Wir treffen uns in fünf Minuten hier. Verhalten Sie sich leise, schmieren Sie Ihr linkes Kniegelenk, es quietscht.

Der Kapitän läuft leichtfüßig eine Treppe in den nächsten Stock hinauf. Myago öffnet die besagte Tür. Was er da sieht, ist selbst für einen gefühllosen Androiden zu viel, aber er wird damit fertig. Eva hat den Ernst der Lage erfasst und unterstützt Myago bei der Befriedigung der Brünetten nach Kräften. Sie verwendet dafür einen siebenarmigen silbernen Kronleuchter.

Inzwischen hat O'Nelly Josef gefunden, der wie ein an Kloakenüberdruck leidendes Huhn durch den Gang hüpft und mit den Armen wirbelt.

– Herr Schimmer! Ganz ruhig! Ich bin ein Freund ...

– Wer da? Wer stört den über der Son-

FRAGE: Gibt es hier Grundregeln?

ANAND: Zum Beispiel sind Dienstag und Samstag schlechte Tage dafür, ich habe das selbst erlebt. Mithilfe eines Horoskops beziehungsweise eines kompetenten astrologischen Beraters lässt sich das klären.

FRAGE: Sind manche Jahreszeiten für den Paarurlaub geeigneter als andere?

ANAND: Ja, natürlich. Generell lässt sich sagen, dass die Zeit zwischen März und Mai ausgezeichnet zum Verreisen ist. Wenn die Kinder zu dieser Zeit keine Schulferien haben, ist der Oktober auch eine gute Möglichkeit. Besonders für Paare über vierzig ist der Herbst die beste Zeit zum Reisen.

nenbarke flatternden Horus auf dem nächtlichen Rückweg zu seinem Aufgang?
– Ruhig, ich tu Ihnen nichts ...
flüstert O'Nelly, und schon hat er sich auf Josef gestürzt, drückt ihm die Handfläche auf den Mund und zieht ihn die Treppe hinunter ins Erdgeschoß. Eva und Myago warten schon. Josef wird geknebelt, sein Zappeln hilft ihm nicht. Man steigt durch das Fenster wieder hinaus in die pfeffrige Nachtluft. Man schleicht. Evas ausgezeichnet gekämmtes Haar glänzt im Licht des schon tief stehenden Vollmonds. Wachen gehen um. Man muss warten. Dort hinter dem felsigen Hügel ist schon das Boot.
Aber es graut bald. Und das verleiht Josef, dem sebst ernannten Sonnengott, ungeahnte Kräfte: Er durchbeißt den Knebel, entreißt sich der eisernen Umklammerung O'Nellys und der Titanumklammerung Myagos, schreit nach den Wachen und rennt davon. Der Sonne entgegen.
– Dieser Vollkoffer! Zu Hause ist er nie so,
jammert Eva.
– Sie schützen die Dame, Nummer eins! Wir bleiben in Funkkontakt!
befiehlt der Kapitän und nimmt Josefs Verfolgung auf, aber nach 100, 200 Metern stellt ihm Professor Selcher das Bein und O'Nelly landet auf seiner schnurrbartverzierten Nase. 2.000 Wächter überwältigen ihn und führen ihn ins Hotel. Josef lacht.

Selcher lacht und öffnet eine gewaltige eiserne Tür zu einem Raum, in dessen Mitte sich ein Marterpfahl befindet, an den der Kapitän gefesselt wird. Selcher lacht abermals:
– Herr O'Nelly! Diese Art von Folterutensil müsste Ihnen von Ihren Freunden, den Kiowa-Apachen, bekannt sein. Werfen Sie zum letzten Mal Ihre Locke zurück, O'Nelly! Wenn ich nämlich hinter mir diese Eisentür geschlossen habe, lasse ich Katzenfrauen auf Sie los, die alles andere als abgerichtet sind. Sie mögen Katzenfrauen, O'Nelly? Sie sind bissig! Aber nicht mit ihren Zähnen. Hohoho. Ich wünsche Ihnen noch ein angenehmes Leben. Oder sollte ich besser sagen: Sterben?
– Ich sterbe an einem anderen Tag!
– Das Scherzen wird Ihnen noch vergehen. Ich habe diese Bestien in den Wäldern von Saba persönlich gefangen.
– Sie zu bändigen waren Sie aber nicht imstande.
– Ich wollte nicht.
– Das verstehe ich. Wild ist es besser.

FRAGE: Warum eigentlich?

ANAND: Das hat psychologische Gründe: Im Herbst haben Menschen dieses Alters üblicherweise ein größeres Verlangen, Zeit miteinander zu verbringen, miteinander zu verreisen und sich nahe zu sein. Die Blätter fallen, die Natur vergeht.

FRAGE: Und wenn im Frühling alles blüht?

ANAND: Der Frühling ist besser für junge Paare. Alles blüht und erwacht. Die Menschen spiegeln sich in der Natur und erkennen sich selbst in ihr.

Tipp 46
Beweisen Sie Ihrem Partner Respekt, indem Sie das Handy nicht abnehmen, wenn Sie gerade miteinander Urlaubszeit verbringen. Wenn ein Telefonat schon sein muss, dann ziehen Sie sich dafür zurück, zum Beispiel zur Strandbar.

– Sie verschwenden meine kostbare Zeit, O'Nelly. Adieu.
– Auf Wiedersehen, Mr. Selcher.
Selcher wendet sich um, geht durch die eiserne Tür, sie schließt sich. Die Katzenfrauen springen durch schmale Öffnungen in den Raum und fauchen grimmig. Diese Krallen! Diese spitzen Zähnchen! Diese weich bepelzten Brüste! O'Nelly seufzt gerührt und beginnt die Konversation:
– Guten Morgen, Sie sind noch hübscher als ich gedacht habe! Oh! Mit welcher Sehnsucht ich den Körperkontakt mit Ihnen, meine Damen, erwarte! Sehnsucht? Wolllust!
– Wolllllllust!
antwortet eine Katzenfrau.
– Ganz recht! Und dann kaufen wir uns einen Bauernhof am Meer und züchten Schafe!
– Miau!
– Und wir werden ein kleines Boot haben, und jeden Tag gibt es frischen Fisch!
– Schnurr!
– Und Kaninchen züchten wir und Eier legende Hühner!
Wer vermag es, einem solchen Charme und solchen Versprechungen zu widerstehen? Niemand. Die Katzenfrauen schmiegen sich anmutig an des Captains Kautschuk,

durchbeißen die Fessel, lecken ihm die Locke.

Aus einem Lautsprecher ertönt die Stimme Professor Selchers:

– Was ist da los? Wachen! Gebraucht die Maschinenkanone!

Die 2.000 Wächter öffnen die Eisentür und beginnen an der Schwelle einen Schützengraben auszuheben, aber noch bevor sie überhaupt die Maschinenkanone aufgestellt und geladen haben, werden sie von den durch die Leidenschaft noch stärker gewordenen Katzenfrauen teils aufs grausamste überwältigt, teils in die peinliche Flucht geschlagen.

Jetzt geht alles sehr schnell: O'Nelly schultert die Maschinenkanone und stürzt, von den Katzenfrauen gefolgt, ins morgendliche Sonnenlicht. In der Ferne leuchtet Myago nicht nur mit seiner Lichtpistole, sondern es glüht auch seine Titanhülle, erhitzt durch die zahlreichen Einschläge der feindlichen Geschoße.

Josef leuchtet. Die Morgensonne leuchtet immer heller, Josef scheint immer

FRAGE: Viele Paare setzen sich unter Druck, im Urlaub mehr Sex als sonst zu haben.

ANAND: Ich glaube, es ist immens wichtig, sich sicher zu fühlen; dort, wo man sich befindet. Sonst gibt es keine Entspannung. Man muss einen guten Platz für beide finden, einen Platz mit einer guten Atmosphäre.

FRAGE: Sie haben das Kamasutra studiert.

ANAND: Auch dort heißt es: Die Atmosphäre ist der entscheidende Punkt. Vor allem die Frau muss sich unbedingt sicher fühlen, damit sie nicht schüchtern ist und sich öffnet.

verbrannter, bald rot wie rote Kirschen, bald schwarz wie schwarze Kirschen! Damit ist der Höhepunkt seines Sonnenbrandes erreicht. Seine Göttlichkeit verlässt ihn. Die Sonne wird ihm ein unangenehm schwarzes Loch, das alles in sich saugt, abscheulich gravitierend. Aber wenn die Sonne schwarz ist, wenn er selber schwarz ist, wenn er die Lichter der Strahlenhagel-Kugelblitz-Schlacht zwischen Myago und den Wächtern nicht sieht (und er sieht sie schwächebedingt wirklich nicht), wenn ihm das alles, auch der strahlende Myago, dunkel ist, wenn er aber dennoch nicht blind ist, sondern durchaus die Wiese und den Sandstrandsand vom Himmel unterscheiden kann, was leuchtet ihm dann? Eva!

Eva ist seine einzige wärmende, alles erhellende Lichtquelle geworden. Aus letzter Kraft kriecht er durch den Kugelstrahlen-Blitzhagel-Orkan zu Eva und sinkt ihr in die Arme. Er haucht:

– Liebe Eva! Ich bin völlig ausgebrannt. Ich brauche Urlaub in deinen Armen. Ich will nie wieder ein Gott sein. Ich bin dein Josef.

So führt diesmal die Schwäche des Mannes zur Normalisierung der Menschen verbindenden Liebesbeziehung. Eva küsst ihren Josef auf die Stirn, das kühlt. Dann trägt sie ihm eine heilende Salbe auf.

Myago schützt sie weiter und feuert weiter. O'Nelly nimmt Kurs auf diese Dreiergruppe, brüllt wie ein Löwe und feuert aus der Maschinenkanone, dass die Palmblattsonnenschirme explodieren. Die Katzenfrauen folgen ihm grimmig (und doch so weich ...).

Jetzt flüchten alle gemeinsam (Josef wird von Myago getragen) zum Ruderboot, wo sie Di Spila erwarten sollte. Aber weit gefehlt! Sie finden nur eine gekritzelte Nachricht:

Ragazzi! Ich bin bei den stämmigen Brünetten. Komme gleich zurück. O, il mio pane francese! Amore! Das ist mir der letzte Trost!

– *Damn!* Dieser pubertäre Lasagnefleck! flucht der Kapitän.

– Ich schlage vor, ihn hier zu lassen, Captain,

meint Myago.

– Ihre Geistesgegenwart beeindruckt mich, Mr. Myago, allein: Der Peitsche entgeht er nicht, dieser Salat! Salat mit Essig und Olivenöl! Und mit gekochten Eiern! Nun aber hurtig ins Ruderboot, liebe Freunde!

Alle steigen in das Ruderboot, nur die Katzenfrauen sind natürlich wasser-

FRAGE: In einem Hotelzimmer ist das nicht so einfach ...

ANAND: ... Schritte am Gang, man weiß nicht, ob nicht jemand vor der Tür ist. Besser ist es, sich eine Suite zu nehmen. Aber dafür braucht man natürlich Budget. Unterschiedliche Energie-Levels hingegen, wenn zum Beispiel einer von beiden müde ist, sind gar nicht so ein Problem, wie man meinen möchte.

FRAGE: Dann wäre Camping für Paare ein Liebeskiller?

ANAND: Naja, das kommt darauf an, wo man das Zelt aufstellt! Camping ist ein abenteuerliches Erlebnis. Die meisten Paare, die sich dafür entscheiden, sind wirklich scharf

scheu. Das ist das Ende der kurzen, aber innigen Liebesbeziehung zwischen ihnen und Cpt. Geronimo O. O'Nelly. Aber die weich bepelzten Geschöpfe werden ihn nicht vergessen! Es wird nicht lange dauern, und die Insel Selkh-Al-Madahm wird in Katzeninsel umbenannt werden, weil jegliches menschliche Leben darauf aufgefressen sein wird. Nur dem bösen Professor Selcher gelingt die Flucht.

Aber zurück zu unseren Helden: Sie rudern also nach Kreta zu ihrem Raumschiff. Jedoch, die stolze *U.S.S. Saint-Sussex-Severian* kann nur von drei ausgebildeten Besatzungsmitgliedern gesteuert und ständig kampfbereit gehalten werden — nicht aber nur von zweien! Also bleibt O'Nelly und Myago nichts anderes übrig, als das Raumschiff in ein gewaltiges Couvert zu packen und es nach dem Weltraumbahnhof auf Cape Canaveral per Post zu schicken. Noch nie hat jemand Cpt. O'Nelly so schimpfen gehört, wie er es getan hat, als er die Briefmarken aufzukleben hatte! Unsere Helden laden sich Proviant auf und überqueren den Atlantik mit dem Ruderboot.

Die Reise dauerte lang genug, dass Josef Schimmer in Eva Hinterbachers Armen wieder Mensch werden konnte.

Mr. Myago hat die Salzflut allerdings die Kontakte verklebt und Captain Geronimo O. O'Nelly ist durch sein pausenloses Fluchen, unter der Weltmeersonne, zum Raubtier geworden! Ach! Wie diese Metamorphose sei-

ner geliebten Gattin Slavěna zur Freude gereichen wird!
Solche Macht besitzt also die Sonne! Die eine Liebe bringt sie ins Wanken, die andere erweckt sie zu ungeahnter Wucht!

darauf und suchen diese Erfahrung. In jedem Fall sollte man dafür einen außergewöhnlichen und intimen Ort wählen.

FRAGE: Kann nicht gerade das Tohuwabohu auf einem großen Campingplatz seinen Reiz haben?

ANAND: Wenn man Zweisamkeit genießen will, entfernt man sich besser gemeinsam von anderen und nimmt sich Zeit und Freiheit, um sich auf einander zu konzentrieren. Viele Probleme wurzeln darin, dass die Menschen einfach zu wenig Zeit haben zu kommunizieren, einander zuzuhören.

Anatol Vitouch

Starship Severian, Episode 64 – Epilog. Ein Orang-Utan am Mittagskogel

– Schach, Lieutenant Commander, Sie alte sizilianische Kanalratte!
donnert Cpt. Geronimo O. O'Nelly, indem er das Haupt senkt und äußerst schwungvoll und elegant einen langen Läuferzug von b2 nach h8 ausführt. LCdr. Francesco di Spilas König scheint nun auf erschreckende Weise der Aggression eines auf b1 befindlichen weißen Turmes ausgeliefert zu sein.
Der Captain hat seinen Läufer noch immer nicht losgelassen, schraubt ihn vielmehr genüsslich in sein Zielfeld, als drücke er eine Zigarette aus, um diesem entscheidenden Zug besonderen Nachdruck zu verleihen. Das allerdings wäre kaum nötig gewesen, denn in LCdr. Di Spilas von acne juvenalis übel gezeichnetem Gesicht (er ist gestern erneut 17 geworden) hat sich ohnehin bereits die Zornesröte ausgebreitet. Dem kleinen Italiener treten Tränen der Wut in die Augen.

– *Questo gioco mi interessa un cazzo*! presst er mit heiserer Stimme heraus.

– Ich weiß, mein lieber Di Spila, ich weiß, aber doch nur, weil Ihr kulturloses Heimatland seit den Zeiten des großen Ponziani keinen Schachspieler von Format mehr hervorgebracht hat! Tschechien hingegen – Réti, sage ich da nur! Hort, Pachmann, Kavalek, und später dann David Navara! Das sind Namen, Mr. Di Spila, große tschechische Namen im Schach von Weltformat, die sollten Sie sich merken! Ganz zu schweigen vom wunderbaren František Blatný, meinem persönlichen Trainer aus dem schönen Brünn, der mich in die Feinheiten des strategischen Denkens einwies, als ich mich noch im zarten Knabenalter befand. Wenn er mich zum Training in der Wohnung meiner Eltern in Prag aufsuchte, brachte er immer seine Hausschuhe mit und meistens eine Flasche selbst gebrannten Pálenka, von der Zwetschke oder von der Marille, je nachdem – aber ich schweife ab, nicht wahr, Lieutenant?

FRAGE: Oft beklagt, doch schwer zu ändern.

ANAND: Schauen Sie sich nur all die Fernseh-Paare an – und dann wundern sich die Männer, warum sich ihre Ehefrauen beschweren! Es ist unglaublich wichtig, diese Gewohnheiten hinter sich zu lassen und Zeit für Kommunikation zu finden.

Nun. Ebenso, wie damals die Grundlage für meine spätere Meisterschaft gelegt wurde, die mir zahlreiche Siege über Ashkansianer und anderen Abschaum eingebracht hat — auf dem Feld des Universums, freilich, auf sozusagen universalem Feld —, ebenso gedenke ich nun Ihre zweite Jugend zu nutzen, Mr. Di Spila, um Ihnen Bildung zuteil werden zu lassen. Bildung, die Ihnen erlauben dürfte, vom Status des Zweiten Offiziers eines Tages zu höheren Weihen aufzusteigen — ich darf doch hoffen, Sie besitzen diesen Ehrgeiz, Mr. Di Spila, oder etwa nicht?

Der Captain hebt die scharfen Brauen und bohrt seinen buschigen Blick in die wässrigen Kugelaugen des Zweiten Offiziers.

– *Sí, capitano mio,*

flüstert dieser.

Und das genügt dem Kapitän, um seinen Vortrag auszudehnen, gleichsam in die unendlichen Weiten des Weltraums hinein. Die präsentieren sich hinter dem Panoramafenster des Aussichtsdecks majestätisch ihrem Blick.

Cpt. O'Nelly alias Jarolím Žíněnka, erzählt von der Schlacht zu Vrstknakrk, in der er durch plötzliche und überraschende Beschleunigung der *U.S.S.*

Tipp 47
Kompromisse können auch gefährlich sein. Am Schönsten ist es, wenn man Dinge, die man allein am liebsten tut, zu zweit tun kann. Wenn aber einer klettern und der andere baden will, und am Ende geht man an einem Bergsee spazieren, sind beide frustriert.

Bright-Breathless-Benedictinian auf Hyperraum-Geschwindigkeit das Hauptschiff der Ashkansianer einem Angriff der *U.S.S. Light-Lancashire-Lobstonian* (in Fachkreisen auch *Der kriechende Hummer* genannt) preisgab, die sich hinter seinem Schiff in Deckung befunden hatte und nun, aus vollen Rohren feuernd, die entscheidende Wendung in diesem historischen Gefecht herbeiführte — keineswegs zufällig ein ganz ähnliches Manöver, wie es ihm in der soeben gespielten Schachpartie mit Mr. Di Spila entscheidenden Vorteil eingebracht hat. Die Partie sei im Übrigen für Di Spila nicht mehr zu retten, fährt der Captain fort, besser sei es da schon, eine neue zu beginnen; wobei er diesmal gedenke, seinen jungen Offizier in die Feinheiten des Flankenspiels einzuführen:

– Das ist besonders wichtig, Lieutenant, wenn Sie die Ashkansianer im Gefecht bezwingen wollen. Die Eröffnungstheoretiker dieser zurückgebliebenen Spezies haben nämlich soeben

FRAGE: **Wird die Sexualität auch von den Planeten beeinflusst?**

ANAND: Sie haben mehr mit Genuss als mit Sex als solchem zu tun. Das sind zwei verschiedene Dinge, dessen muss man sich bewusst sein. Wenn man sich ein Schaumbad einlässt und Kerzen anzündet oder ein Dinner mit Champagner einnimmt, dann führt das zu Genuss. Ich glaube mehr an diese Dinge als an die Wichtigkeit von Sex an sich. Und natürlich gibt es Planeten-Konstellationen, die den Genuss begünstigen.

erst das Prinzip der klassischen Zentralkontrolle erschlossen. Ein gekonnter Flügelangriff – und sie brechen zusammen. Die hypermoderne Schachschule wird auf Ashkansia aus ästhetischen Gründen nicht rezipiert. *Damn, these barbarians*!

Der Captain vermag seinen Ärger schwungvoll in den ersten Zug der neuen Partie zu legen, denn Lieutenant Di Spila hat bereits während des Captains Vortrag die Figuren betont lustlos wieder in ihre Anfangsstellung gebracht:

– Bauer b2 nach b4!

Da gehen dem kleinen Italiener tatsächlich die Augen auf, und das Wasser darin zieht sich wer weiß wohin zurück. Bauer b2 nach b4? Ein höchst eigenartiger Eröffnungszug.

– *Forse è diventato pazzo, il capitano ...*

denkt sich Francesco di Spila.

Oder hat er es doch ausgesprochen? Denn der Captain antwortet ihm, wie aus der Lichtpistole geschossen:

– Keineswegs, mein verehrter Di Spila, keineswegs! Im Übrigen verbitte ich mir derlei Frechheiten. Aber ich habe bereits vermutet, dass Ihnen die Orang-Utan-Eröffnung unbekannt ist. Zugegeben, der Doppelschritt des b-Bauern sieht auf den ersten Blick seltsam aus, vielleicht gar erschreckend, oder nicht? Aber gerade hierin liegt doch das Prinzip des hypermodernen Spiels ebenso wie der avantgardistischen Kunst und jeder gut geführten Weltraumschlacht: –

Der Captain wartet einen Augenblick, um dem jungen Mann Gelegenheit zu geben, die Lösung selbst zu finden. Aber LCdr. Di Spila kommt nicht drauf. Das wird auch Captain O'Nelly bald klar, also setzt er ungerührt fort:

– Die Überraschung, Mr. Di Spila, die Überraschung! Man könnte auch sagen: das Unerwartete. Das ist das Geheimnis. Aber es interessiert Sie gewiss auch zu erfahren, wie diese ungewöhnliche Eröffnung zu ihrem noch ungewöhnlicheren Namen gekommen ist.

Naturgemäß wartet der Captain die Antwort auf diese Frage nicht ab. Das würde nur Zeit kosten und den Schwung seiner Erzählung ein zweites Mal bremsen.

– Das, mein lieber Di Spila, war nämlich so: Der deutsche Schachmeister Savielly Tartakower spazierte eines Nachmittags im Jahre 1924 durch den irdischen New Yorker Zoo. In Gedan-

FRAGE: Wie finden Urlaubspaare ihre idealen Konstellationen?

ANAND: Jeder kann sich diese individuellen Informationen bei Experten besorgen – die besten Tage für das Verreisen, die ideale Farbe der Kleidung und so weiter.

FRAGE: Wie bereiten Sie sich vor, wenn Sie mit Ihrer Frau verreisen?

ANAND: Naja, eigentlich bereitet sie alles für uns vor (*lacht*). Im Prinzip entscheidet sie, wo wir hinfahren. Wir kennen einander sehr gut, und so können wir den Raum, den wir dem anderen lassen, richtig ausbalancieren. Wir bevorzugen beide Orte in der Natur, also fahren wir meistens ins Grüne.

ken war er schon in die Vorbereitung seiner abendlichen Turnierpartie versunken — da überwältigte ihn vor dem Orang-Utan-Gehege der Eindruck, dass die ruckartige Aufwärtsbewegung des Affen, der gerade einen Baum erkletterte, ganz exorbitant der Bewegung des weißen b-Bauerns glich, der, ebenso ruckartig und Schritt für Schritt, das Brett hinaufklettert und das schwarze Heer bedroht.

Der Captain macht hier eine kleine Pause, um Atem zu schöpfen. Seine Augen leuchten: Er tut Gutes mit seinem Vortrag; er wird Lieutenant Di Spila in dessen zweitem Leben doch noch zu einem vernünftigen Sternenflotten-offizier erziehen.

– Der Bauer klettert ... *lui monta come un ... lui monta verso la ... sí ...*

murmelt der Zweite Offizier der *U.S.S. Saint-Sussex-Severian*, nun offenbar doch beeindruckt von den Erklärungen seines sprachgewandten und schachhistorisch sattelfesten Captains.

Aber ganz plötzlich durchfährt es LCdr. Di Spila wie ein Stromschlag, und seine Augen werden zu mattdunklen Scheiben. Cpt. Geronimo O. O'Nelly, der die Wandlung seines jugendlichen Offiziers nicht bemerkt hat, streicht sich derweil noch zufrieden den Kautschuk zurecht, zupft an etwas, wirft etwas anderes zurück und schickt einen gelassenen Blick durch das Panoramafenster des

Aussichtsdecks hinaus in die wohlbekannten, unendlichen Weiten. Er will gerade seinen zweiten Zug ausführen (zweifellos ein Läuferfianchetto – oder wie sonst wäre der Orang-Utan an dieser Stelle auszubauen?), als er bemerkt, dass der üblicherweise gedankenlos schnell spielende Francesco di Spila noch immer keinen ersten Zug getan hat.

Sollte der Orang-Utan eine derart paralysierende Wirkung auf den kleinen Sizilianer ausgeübt haben? Diese Frage überschlägt Jarolím Žíněnka eilends auf Tschechisch. Dann wechselt er mühelos wieder in bestes Weltraum-Deutsch, indem er versetzt:

– Lieutenant, ich mache Sie aufmerksam, Sie haben noch immer noch nicht …

– *Montare il Mittagskogel*!

ruft Di Spila aus, und es klingt wie eine frisch gewonnene Erkenntnis. Jetzt bemerkt auch Captain O'Nelly die Veränderung im Gesicht seines Zweiten Offiziers: Die italienische Bräune ist

FRAGE: Das erfordert ziemlich viel Vertrauen.

ANAND: Natürlich muss es etwas sein, das wir uns leisten können, und dann ist es auch wichtig, dass ich dort meinen Aktivitäten und Praktiken nachgehen kann und sie den ihren. Sie weiß, dass meine Meditation wichtig für mich ist und respektiert das. Dieser Respekt ist fundamental, nicht nur zwischen Liebenden.

Tipp 48
Verzichten Sie auf Urlaubsfotos mit einem von Ihnen vor einem vermeintlich berauschenden Anblick. Knutschen Sie lieber, und fotografieren Sie sich selbst mit ausgestrecktem Arm dabei. Oder bitten Sie jemanden, es zu tun.

einer ungesund manischen Blässe gewichen.

– Ich verstehe nicht ganz, Lieutenant ...

– *Aiaiai, capitano*: Es ist die dritte Auge. Ich sehe ... einen Urlaub ... *le vacanze*! Aber in diesem Urlaub, *capitano ... vedo una ragazza bellissima di diciott' anni e ... e ci vedo ...*

Mr. Di Spila hat sich in seinem Bemühen, das dritte Auge etwas zu schärfen, so weit über das Brett gebeugt, dass der Captain es vorzieht, sich zurückzulehnen.

– Vorsicht ist die beste Medizin,

denkt er sich und korrigiert sich gleich in Gedanken selbst:

– Aber nein, Jarolím, es heißt doch anders. Wie war das noch? Nachsicht ist ...

– *... e ci vedo ... ME STESSO A VENT' ANNI*!!

Mr. Di Spila hat sich und sein drittes Auge einigermaßen verausgabt, um zu dieser Erkenntnis zu gelangen, das ist dem Captain schon klar. Vom entsetzten Schrei eines italienischen Offiziers lässt sich ein Geronimo O. O'Nelly aber nicht aus der Ruhe bringen, wenn es darum geht, den Informationswert einer solchen Vision zu erwägen (so der Captain zu sich selbst, um sich zuversichtlich zu stimmen). Und tatsächlich: Während Mr. Di Spila keuchend sein Haupt zu einer Rast auf das Schachbrett niedersinken lässt, wobei er den Orang-Utan-Bauern mit irrem Blick anschielt, hat der Captain schon blitzschnell drei äußerst präzise Schlüsse gezogen:

1. Mr. Di Spilas drittes Auge hat ihm offenbar soeben zum ersten Mal eine Erinnerung aus seinem früheren Leben zugänglich gemacht.
2. Es handelt sich dabei um eine Urlaubserinnerung, die in enger Verbindung mit dem höchsten Berg des Karawankenmassivs, dem Mittagskogel steht.
3. Am Mittagskogel gibt es Orang-Utans.

Dem Captain ist wohl bewusst, dass der dritte Schluss nicht ganz dem hohen logischen Standard entspricht, dem seine Überlegungen üblicherweise mühelos genügen. War es der Magnetsturm, den sie nachmittags durchquert hatten? Liegt ihm die replizierte Svíčková noch immer im Magen? Wie dem auch sei, dem Captain bleibt keine Zeit, sei-

FRAGE: Oft gesagt, doch selten gelebt.

ANAND: Man muss die Seele eines anderen Menschen respektieren, nicht nur, wenn man direkt mit ihm konfrontiert ist, sondern in einer prinzipielleren, tiefen und ehrlichen Weise. Respekt ist es, was eine Beziehung ausmacht.

ne leichte reflexive Unpässlichkeit weiter zu bedauern, da Mr. Di Spila soeben dabei ist, einen unansehnlichen Batzen Speichel auf dem Zentralfeld d5 zu verlieren, der ihm aus dem spastisch verzerrten Mund rinnt.

– Gna-gna-gna ...

Da muss sofort gehandelt werden!

– Mr. Myago! Notfall auf dem Aussichtsdeck. Mr. Di Spilas drittes Auge scheint sein limbisches System überladen zu haben. Er wollte mir eine Urlaubsgeschichte aus seinem ersten Leben erzählen und hat jetzt eine Art spastischen Krampf. Was schlagen Sie vor, Nummer eins?

– Bringen Sie ihn dazu, seine Erzählung fortzusetzen, Captain. Der Anfall wurde mit Sicherheit durch angestaute Affektpotenziale verursacht. Mithilfe non-direktiver Gesprächsführung sollten Sie die Stauung beheben können: Mr. Di Spila wird seine Urlaubserinnerung beim Erzählen gleichsam ein zweites Mal durchleben und auf diese Weise bewältigen.

Natürlich! Die non-direktive Gesprächsführung nach Rogers! Seit Jahrhunderten bekannt. Sternenakademie, zweites Semester. Darauf hätte der Captain, wäre er nicht unpässlich gewesen, natürlich selbst kommen müssen. *Damn!*

– Danke, Mr. Myago. *Over and out.*

Jetzt ist der Captain schlechter Laune. Er fragt sich, ob Mr. Myago niemals unpässlich ist.

– Was für eine Frage, Jarolím! Ein Android und unpässlich! Jetzt bist du aber schon ganz daneben …

Da sich die Stimmung des Captains im Zuge dieser Überlegungen nicht gebessert hat, entschließt er sich nur äußerst unwillig dazu, dem klugen Rat seines Ersten Offiziers Folge zu leisten und Mr. Di Spila zur Fortsetzung seiner Urlaubsgeschichte zu ermuntern. Der Zweite Offizier hat in seiner Krampfstarre inzwischen das halbe Brett verunreinigt. Soeben kaut er entrückt am Orang-Utan-Bauern.

– Glu-glu-glu …

Der Captain seufzt.

– Nun, Mr. Di Spila, erzählen Sie mir doch von Ihrem Urlaub mit diesem hübschen Mädchen auf dem Mittagskogel.

Des Captains Satz zeigt erstaunliche Wirkung: Der eben noch schwer gestörte Mr. Di Spila hebt den Kopf vom Schachbrett und setzt sich kerzengerade in seinem Sessel auf. Gleich darauf beginnt er seine Erzählung wie in

Trance, nun völlig akzentfrei, und dem Captain bleibt nur, die ihm maximal fremde Rolle des aktiven Zuhörers einzunehmen, wie Mr. Myago es ihm vorgeschlagen hat.
– *Damn!*
denkt der Captain noch einmal.
– Warum der kleine Itaker auf einmal Weltraum-Deutsch parliert, als hätte er den italienischen Stiefel nie von innen gesehen, das weiß allein der Teufel! Aber ich werde es herausfinden. Bevor ich Mr. Myago frage, beiße ich mir lieber die Zunge ab!

Da aber hat Mr. Francesco di Spila bereits mit seinem Bericht begonnen, und der Captain muss achtgeben, nicht auf sein non-direktives Mhm, mhm zu vergessen, um die Erzählung am Laufen zu halten.
Lieutenant Di Spila:
– Der schreckliche Mittagskogel! Überhaupt: diese Berge und all die Wahnsinnigen, die sie besteigen müssen! Ich hätte nicht gemusst — wenn ich nicht wegen meiner Geliebten hätte müssen. Aber so musste ich halt doch. Hinauf auf den Berg.
– Mhm, mhm. (Faszinierend! Der Akzent ist wie weggeblasen. Mir steigt

Tipp 49
Richten Sie die Aufmerksamkeit Ihres Partners auf die schönen statt auf die unangenehmen Dinge. Auf die Palmen, den Sonnenuntergang oder das Segelboot statt auf den toten Fisch. Sie machen sich damit zu einer Quelle von Kraft und Freude.

ein übler Verdacht auf, heiliges Kanonenrohr …)

– Wir müssen Bewegung machen, Francesco! Ich langweile mich in diesem Tal, Francesco! Ich will nicht jeden Tag nur essen gehen und am See herumliegen, Francesco! Und dabei: das Kärntner Seenland. Und ebenso: die Kärntner Kasnudeln. Das süße Leben! Aber man ist verliebt, man ist jung, man denkt: Na gut. Wenn ich meine Geliebte damit glücklich machen kann; wenn sie dann weiterhin zweimal täglich mit mir fickt; wenn ich ihr nachher den Schweiß von der salzigen Haut küssen darf, der ihr beim Aufstieg auf diesen verfluchten Berg aus den Poren geschossen ist; dann steig ich halt dafür auf den Mittagskogel!

– Mhm, mhm. (Unmögliche Ausdrucksweise! Und ein Feind der Berge noch dazu! Ich staune, Mr. Di Spila, ich staune …)

– Also, um 6.30 Uhr aufstehen. Um 6.30 Uhr! In den Ferien! Aber man muss halt früh los, damit man nicht in

der ärgsten Mittagshitze noch mitten im Aufstieg ist, das leuchtet mir ein. Der wird nämlich schon so seine vier, fünf Stunden dauern, der Aufstieg. Naturgemäß. Das hat sie mir alles bereits gestern erklärt, nachdem ich der Unternehmung zugestimmt habe. Vier bis fünf Stunden. Scheiße. Da man, wie ich annehme, ja wohl auch absteigen muss, bedeutet das, dass nicht nur der halbe, sondern der ganze Tag abzuschreiben ist.
– Mhm, mhm. (Scharf kombiniert, mein lieber Di Spila! Der Akzent mag verschwunden sein. Aber schwer von Begriff ist er immer noch, der gute Lieutenant Commander.)
– Um 6.30 Uhr tappe ich durch die Dunkelheit unseres Pensionszimmers und haue mir das Schienbein an der Bettkante an. Da ist sie gerade pfeifend im Bad und hört meinen Fluch nicht.
Gegen 7 Uhr sitze ich beim Frühstück und beobachte die Speisen. Sie sind mir seltsam fremd. Der Gedanke, um diese Uhrzeit etwas zu essen, kommt mir mindestens verwegen vor, eher schon skurril. Sie sitzt neben mir und genießt ihr Honigbrot. Sie lächelt. Sie freut sich auf die Wanderung, ich weiß das. Ich versuche, mich darüber zu freuen, dass sie sich freut. Mein Lächeln kommt mir verkrampft vor, deshalb mache ich ein Gähnen daraus und tätschle ihren Oberschenkel. Sie gibt mir ein Bussi und fragt, ob ich müde bin. Ich schau sie aus meinen verquol-

lenen Augen an und denk an ihre Muschi. Wir könnten jetzt nackt im Bett liegen, und ich könnte im Halbschlaf anfangen, sie mit meinem Schwanz zu stupsen. Genau das sag ich ihr, in der Hoffnung, dass wir zu Hause bleiben. Wir bleiben nicht zu Hause. Wir steigen auf. Lange steigen wir auf.

– Mhm, mhm. (Diese Formulierungen ... dieser flapsige, obszöne Stil des Vortrags ... woher, in drei Teufels Namen, kenne ich das? ...)

– Aber so weit sind wir noch nicht. Durch die Pensionstür treten wir auf die Straße. Es ist erstaunlich, wie kalt es hier auch im Sommer ist, mitten in der Nacht, denke ich. Frische Luft!, ruft sie und bläht ihren Brustkorb. Ich huste. Mir ist schlecht. Hinter dem Auto wächst Löwenzahn, dort spuck ich aus. Schon besser. Noch ein kleiner Fluch, fast unhörbar, dann bin ich bereit.

Natürlich hätten wir mit dem Auto viel weiter den Berg hinauffahren können. Sie sagt: Da fährt man nicht, da wandert man. Wir wandern und werden

Tipp 50
Im Urlaub sind Sie und Ihr Partner aufgeschlossener – in jeder Hinsicht. Nutzen sie das für Sexpraktiken, die Sie schon immer ausprobieren wollten. Nehmen Sie zum Beispiel ein Buch mit erotischen Inspirationen mit. Es wird Sie einander auf jeden Fall näher bringen.

dabei von sieben Autos überholt. Das ist gar nicht so viel, für eine Stunde Fußweg. Einem Audi zeige ich den Mittelfinger, kurz darauf erreichen wir den Parkplatz. Mein Auto steht unten, im Wald.

Es ist ungefähr 8.30 Uhr, und der Aufstieg hat noch nicht begonnen.

Vier Stunden später trotten wir durch die ärgste Mittagshitze. Wir hätten früher aufstehen müssen, sagt sie. Ich stolpere. Ich stolpere oft. Ich bin müde, schlecht gelaunt, und der Gipfel interessiert mich genauso wenig, wie vor vier Stunden.

Am Gipfel wird es wunderbar sein!, sagt sie und strahlt. Ich blinzle in die Sonne. Schweiß rinnt über meinen Rücken, meine haarigen Arschbacken hinunter und tränkt meine Boxer-Shorts. Eine schlanke, weißhaarige Frau mit elegantem Wanderstock überholt mich. Sie grüßt freundlich, ich stelle ihr ein Bein. Sie weicht aus, ich grüße zurück. Wanderer sind immer freundlich zueinander!, sagt meine Freundin und eilt voraus.

Eine Stunde später, am Gipfel, ist es, das gebe ich zu, malerisch: grüne Wiesen, das Weiß der Berge, der Himmel in ungewöhnlichem Blau. Kärntner Wurst aus dem Rucksack und ihr Schweiß duftend auf ihrer Haut.

Ich bin froh, dass du mitgekommen bist, sagt sie.
Ich bin auch froh, sage ich. Ich zieh sie an mich, küsse sie und greife alles an, was weich an ihr ist. Ich sehe mich um, aber es gibt kein Versteck hier. Ich dränge zum Abstieg.
Der Abstieg ist schlecht für die Knie.
– Mhm, mhm. (Aber natürlich, Jarolím! Wie konntest du das nur übersehen? Das ist zweifellos nicht die Stimme Francesco di Spilas. Hier weht ein anderer Wind!)
– Der Abstieg ist schlecht für die Knie und schlecht für die Laune. Zuerst hab ich mich nicht auf den Gipfel gefreut, jetzt freu ich mich nicht aufs Tal. Irgendwann fehlt uns die nächste Markierung des Weges. Sie ist nicht mehr da, obwohl sie da sein müsste. Wir sind vom Weg abgekommen, aber das macht nichts.
Das macht nichts! stelle ich fest, denn der Weg, das weiß ich vom Aufstieg, schlängelt sich. Wir müssen nur weiter den Hang hinunter, dann stoßen wir

wieder darauf. Nach zehn Minuten Steilabstieg geht es nicht mehr weiter. Es ist Nachmittag und wir fangen an, uns zu fürchten. Sie sagt: Wir müssen wieder hinauf, zurück, den Weg suchen!
Ihr Gesicht ist rot. Ich nicke, sie wendet und hüpft über den Schotter den Hang hinauf.
Dass man nicht überkreuzen soll, mit den Beinen, wenn man bergsteigt, hat sie mir zu sagen vergessen. Sie hat es als selbstverständlich vorausgesetzt.
Ich hechle ihr nach, eine kleine Panik, schwarz, in meinem heißen Schädel. An einer Stelle gibt der Boden ein gutes Stück nach. Ich rutsche, halte mich affenartig mit Händen und Füßen fest.
Hilfe! rufe ich, und noch ein zweites Mal: Hilfe!
Unter mir ist es mir zu tief. Bewege ich den Fuß, gibt der Schotter wieder nach.
Sie dreht sich um, sie sieht mich und hört mich. Sie wird mir helfen. Eine Hand, das könnte schon genügen. Zwei Schritte macht sie auf mich zu: Ich kann dir nicht helfen, sonst stürze ich auch ab! sagt sie. Es klingt endgültig.
Ich lache blöd. Mit einem Schritt, der auch schief gehen könnte, versuch ich es allein und erreiche sicheren Halt. Sie sagt nichts. Ein paar Minuten schreie ich sie an, es ist so befreiend: Der dumme Berg, auf den ich nie wollte! Das bescheuerte Wandern, nie wieder! Schon gar nicht mit ihr, die mich aufgibt, in der Gefahr! Irgendwann

weint sie, damit bin ich zufrieden. Später tröste ich sie.
Noch später hab ich sie dann verlassen und bin auf die Sternenakademie gegangen. Ich hab sie nie wieder gesehen. Ein Mädchen, das einen aufgibt, am Berg! Da ist man noch besser bedient in den unendlichen Weiten …
Kaum hat Francesco di Spila diesen letzten Satz ausgesprochen, als er auch schon wie aus einer Hypnose zu erwachen scheint. War das die Folge der sehr zurückhaltend und verständig geübten non-direktiven Gesprächsführung Geronimo O. O'Nellys? Weit gefehlt, das weiß der Captain schon.
– *Ch' è successo*? … Was ist passiert? … flüstert der wieder zu sich gekommene Francesco di Spila und sieht sich unsicher auf dem Aussichtsdeck um, das abgesehen von ihm und seinem Captain menschenleer ist.
– Nun, Mr. Di Spila, Genaueres werden wir erst herausfinden. Aber so viel kann ich Ihnen bereits sagen: Sie sind offenbar unfreiwillig — meine Güte,

mein Junge, ich hoffe es jedenfalls – zum Wirten eines der holographischen Destillate des uns wohl bekannten Professor Selcher geworden. Zum Glück war ich zugegen, als die holographische Erzählung, die Sie sich wer weiß wobei eingefangen haben, versucht hat, die Kontrolle über Ihre Persönlichkeit zu übernehmen. Indem ich Sie veranlasst habe, mir die Urlaubsgeschichte vorzutragen, anstatt sie zu verinnerlichen, konnte das Schlimmste fürs Erste verhindert werden. Dennoch ist weiterhin Vorsicht geboten, Nummer zwei!

– *Porca miseria!*

– Ich bitte Sie, Mr. Di Spila, Contenance! Ein Offizier der Sternenföderation weint nicht, wenn ihm der Wind ins Gesicht bläst, er handelt! Und Sie sind jetzt doch schon wieder ganze 17 Jahre alt.

Lieutenant Di Spila schluckt hörbar und versucht, eine korrekte Haltung einzunehmen. Er sieht jämmerlich aus. In Gedanken schwört er sich, nie mehr nackten holographischen Frauen Glauben zu schenken, wenn sie behaupten, frei von holographischen Krankheiten zu sein …

– Captain an Brücke. Sind Sie da, Nummer eins?

– Aber selbstverständlich, Captain.

– Keine schnippischen Antworten, Mr. Myago. Fall gelöst: Mr. Di Spila leidet an einer holographischen Infektion. Wir müssen uns das Ganze auf der Krankenstation genauer ansehen. Bringen Sie Ihren Mundschutz

mit, Mr. Myago. Wir müssen vielleicht operieren.
– Captain, darf ich Sie darauf hinweisen, dass mein Atem zu hundert Prozent steril ist und dass daher …
– Keine Widerrede, Nummer eins. Mundschutz. Treffpunkt auf der Krankenstation in T minus 5!
– Jawohl, Captain.
Und so hat Captain Geronimo O. O'Nelly alias Jarolím Žíněnka seine gute Laune an Bord des *Schwimmenden Elchs* zurückgewonnen und packt flott die Schachfiguren in das schöne alte Holzbrett, bei dem es sich um ein Erbstück seines früh erblindeten Großvaters handelt. Verständlicherweise ist der Captain höchst zufrieden damit, wie er die Situation analysiert und zum Schluss doch die einzig richtigen Schlüsse gezogen hat.
– *Ready to rumble*, Mr. Di Spila?
raunt der Captain seinem Zweiten Offizier zu, der sich verschreckt aus dem Sessel erhebt und O'Nelly nachtrottet, der den Ausgang des Aussichtsdecks ansteuert.

– Gut gemacht, alter Knabe,
denkt Jarolím Žíněnka noch einmal bei sich selbst und stellt zufrieden fest, dass sich ein Gefühl der Vorfreude auf die bevorstehende Operation wohlig in seinen Gliedern ausbreitet ...

Gedichte für Urlaubspaare

Seit Jahrhunderten bringen verliebte Dichter ihre Gefühle und Gedanken als Sonett zu Papier: In zweimal vier und zweimal drei Zeilen steckt dabei oft mehr Leidenschaft als in einem ganzen Liebesroman. Horchen Sie auf die Veränderung in der Stimme Ihres Partners, wenn er Ihnen eines der folgenden Sonette vorliest; und bedienen Sie sich dann selbst eines passenden Gedichts, um Ihren Gefühlen Stimme zu verleihen.

Neun Liebessonette von Ondřej Cikán

1. (schnell)

Was sind die Schienen für ein Fluss?
Wo ist nur dieser Schienen Quelle?
Warum ist erst der Bach ein Kuss?
Und wann verlässt der Zug die Stelle,

An der du standst, bevor der warme
Wagon sich in der Lok verfing?
Schon hebt die Ampel ihre Arme.
Ich bitte dich nur: bitte sing

Das Lied erst, wenn ichs hören kann.
Die Sonne wandert schon aus deinem
Auge ins Fensterglas, der Mond

Verlässt dein Haar und schmiegt sich an
Die Hügellandschaft: glaube keinem:
Ich hab mich doch in dir gesonnt.

2. (fern)

Auf einem fremden Tisch stehn dreizehn
Dunkelrote Lilien.
Du malst mir keine Flächen mehr, du
Zeichnest keine Linien.

Alleine steige ich hinunter über
Schrecklich schmale Grate,
Erinner mich zumindest an die
Kleineren Formate:

Ich sehe in diesen
Trockenen Halmen
Dein dunkles Haar

Verdunsten, verqualmen.
Den fernsten Wiesen
Nur ist das Blaue noch klar.

3. (glücklich)

Im weiten Schnee, im Nebel sind zwei Daunendecken.
Die Rehe kennen nicht mehr ihren scheuen Lauf.
Die Decken werden uns in ihrem Schnee verstecken.
Versteckt und nur für uns geht eine Sonne auf.

Es fürchtet sich kein Baum, vollkommen zu vereisen.
Und nicht nur deine Arme, Beine kenne ich schon lang.
Warum auch sollten wir von hier einmal verreisen.
Die ewig weiße Fläche neigt sich uns zum Hang.

Wir sehn hinab ins Tal, den Stillstand (einen leisen).
Im Nebel hat der Atem einen sanften, warmen Klang.
Was einst sich uns genähert hat, jetzt ist und bleibt es da.

Und ewig bleiben wir hier still in leicht verwebten Kreisen.
Uns wird einmal ein Reh nach einer Richtung weisen.
Und doch: die Sonne und die Daunen sind uns hier schon nah.

4. (kitschig)

Es ist das selbe grüne Haustor, hinter dem du weinst.
Und all meine Seekarten sind schon verstaubt.
Ich weiß: du bist auch heute noch so schön, wie einst.
Der Rauch meiner Pfeife ist längst schon gelüftet.

Und deine Tränen sind warm. Dieses Eis ist zerklüftet.
Ich kehre erst zurück, wenn es niemand mehr glaubt.
Wie viel von dem Salz ist ins Meer schon geflossen?
Die Kinder sind groß? (Ich bin noch immer eingeschlossen.)

Ich weiß: du bist auch heute noch so schön, wie einst.
Es ist das selbe grüne Haustor, hinter dem du weinst.
Hier ist es gleich, ob es im Westen oder Osten graut.

Vom schwarzen Himmel werden die Juwelen abgeräumt.
Behalte den Ring. Sing weiter den Kindern. (Ich hab von dir geträumt.)
Und bitte, bete weiter, dass das weite Eis bald taut.

5. (lustig)

So fröhlich waren wir allein in diesem Raumschiff.
(Jeden Abend Tanz.)
Ob ich es war, der deinem Kleid still nach dem Saum griff?
(Margaritenkranz.)

Erhebt sichs, ist es schön, doch schön ist auch die Senkung.
(Leicht am Morgen springen.)
Und manchmal freu ich mich auch ohne die Verrenkung.
(Köstliches Erschwingen.)

Eingeschlossen?
Unsinn, Unsinn!
Übergossen

Hat man uns in
Einem Teich
Mit Laich!

6. (botanisch)

Dir wachsen Tulpen aus dem Nabel
Und auf den Brüsten Klee.
Ich zimmer einen Turm zu Babel,
Dass ich das besser seh.

Das Moos macht deine Hüften runder,
Die Rose macht sie bissig.
Mein Mund erkennt das. (Oh! Ein Wunder!)
Die Mauern werden rissig.

So waren wir zu zweit
Schon lang nicht mehr betrunken.
Das Schilfgestade ist recht weit...

Ein Ziegelstein ist schon versunken.
Dein Bauch wird rot (zur rechten Zeit):
Uns quaken schon die Unken.

7. (heftig)

Dir landet eine Schwalbe
Im dunklen Haar.
Du sagst, dass das der halbe
Frühling war.

Was: war? Ach so, sie führen
Mich schon ab...
Zwei schwarze Flügel rühren
Im Brei, uns gab

Ein Gott die Stadt,
Die stürzt.
Wer ihre Asche hat,

Wer ihre Funken singt,
Der würzt.
Was bricht und brennt, das klingt.

8. (verbittert)

Es schneit: Aha!
Das wollten wir zusammen sehn.
Nur, was nicht da
Ist, muss nicht mehr vergehn.

Es blüht ein Baum!
Das wollten wir zusammen riechen!
Nur, unter deines Unterkleidchens Saum
Werd ich mich nicht verkriechen.

Das Reh hab ich schon längst erschossen,
Damit der Schnee, mit Blut begossen,
Sich wie ein Blütenblatt erhebt.

Der weiße Saum bleibt unzerrissen.
Ich werd das weiße Segel hissen:
Ein müder Fetzen, was da schwebt.

9. (zart)

Zwei Stunden lang hab ich dir zugesehn (du schliefst),
Wie deine Lippen sich im schweren Traum bewegten.
Was waren das für Tiere, die sich zu dir legten,
Als weinend du für mich ein Heer ins Feld beriefst?

Die vielen Tiere, sagst du mir, sie waren weich.
Dein Haar war weich. Ich rief der Sonne zu: beschein es!
Und zu dem Heer fällt mir nur ein: ich brauche keines,
Dein Schlaf ist mir ein so befestigter Bereich,

Dass ich nur eines weichen Tiers zu meinem Schutz bedarf.
Dort unterm Kreuz im Eck, im Staub liegt leise meine Rüstung,
Ich brauch sie nicht dafür (bei dir), dass ich mich weich verlarv.

Du fliegendes Geweb, du Haut, du süßere Verwüstung!
Und wenn du atmest, senken sich die leicht umwebten Klinken:
Der Tau in deinem dunklen Haar – ich werd darin ertrinken.

Neun Liebessonette von Anatol Vitouch

1.

Das Denken fällt mir wieder in
die immerselben Haltestellen:
Es setzt sich hin, es wartet noch,
es steigt bald ein und resigniert –

Wohin du fährst mit deiner Straßenbahn
Auf welchem Kontinent die Schienen liegen
Die du mit nackten Füßen übergehst
Das wüsst es gern, das fortbewegte Denken –

Gesetzt den Fall es fände einen Ort
An dem sich alle Linien überschneiden
Und stieg dort lässig aus, das müde Denken –

Es legte sich in diesen Knotenpunkt
Und unter all den kalt gewordnen Spuren
Dort wär es endlich ganz bei dir –

2.

Machen wirs uns glatt und jung
Haben alles zu verschenken
Alter Schuh: Erinnerung
Will an übermorgen denken –

Aber das was noch nicht war
Kann man nicht auf Karten drucken
Ist die Liebe abziehbar
Muss man in die Hände spucken –

Große Weisheit gibt es viel
Wenig ist uns anverwandt
Hauptsache man bleibt im Spiel –

Klein ist das was einzig fehlt
Und der Zukunft Mädchenhand
Hat sich oft schon falsch verwählt –

3.

Bei Gelegenheit
Muss ich dir
Etwas erzählen
Das du nicht weißt:

Gestern war nämlich
Ein Mann bei mir
Wie war sein Name... –
egal wie er heißt:

Der hat gesagt
Dass er dich liebt
(Das war schon nicht mehr komisch)

Ich hab ihn mit
Neun Kugeln durchsiebt
(Schön aber unökönomisch)

4.

Für jedes Abteil hab ich Karten
Vor jedem Waggon bleib ich stehn
Ein müder Gedanke beim Warten:
Man weiß wie die Züge gehn

Ein Koffer, ein Hut, ein Hosenbein
Und ein Fahrplan, links vor der Brust
Man weiß, man ist für diese Welt zu klein
Und hat es schon immer gewusst

Man will sich nach nichts mehr umdrehn
Jedes Lied ein Jahrhundert zu spät
Und die Zeit, die so mühsam vergeht

Die Bahnhofstrafik – schon geschlossen
Den Kopf mit Benzin übergossen
Man will endlich die Schatten sehn

5.

Ich hab deinen Traum im Schlafen vernommen
Du bist mir bei Nacht zur Seele geneigt
Und wenn deine Monster dich suchen kommen
Wird ihnen mein Traumgewehr gezeigt

Sie sollten mich lieber nicht unterschätzen
Dein Atem hält mir den Abzug bereit
Die Schatten die dir die Messer wetzen
Sind nicht vor der Hand des Schläfers gefeit

Ich knall sie ab und ich schieß sie nieder
Im Mundwinkel hab ich ein Lächeln von dir
Die Automatik sie knattert wieder...

Das alles ist dir in den Sinn gekommen
Nachts neigst du dich nämlich zur Seele mir
Und hast meinen Traum im Schlafen vernommen...

6.

Gestern Abend, zu Hause, in meinem Zimmer
Da hat mir ein Einrichtungsstück gefehlt
Die Gruppe der Sessel war aber wie immer
(Ich hab sie zur Sicherheit zweimal gezählt)

Aus keinem Regal war etwas entwendet
Kein Tisch hatte sich aus dem Staub gemacht
Drum hab ich die Suche zerstreut beendet
(und leise über mich selbst gelacht)

Nur war mir eigentlich nicht zum Lachen
Zumute, ich wusste nur noch nicht warum
(Und habe beschlossen mir Tee zu machen)

Es war noch kaum meine Teestunde um
Und plötzlich hat einer ein Beil gezückt
In mir (du du du fehlst) – ich werd verrückt

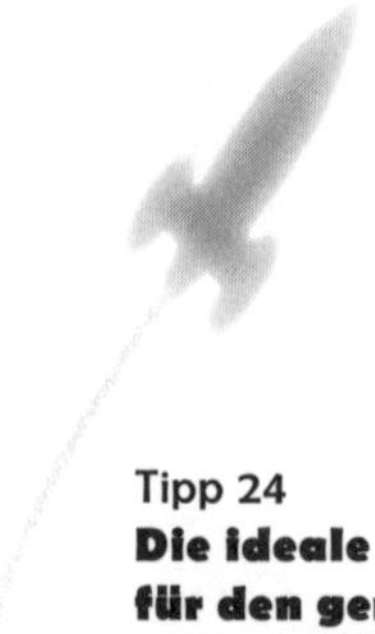

7.

Wohin du gehst und
wonach du den Blick wendest
In welchen Federn du liegst und
wie tief du darin versinkst

Ob eine Spur bleibt, dort
wo du den Fuß setzt, den nackten
Und ob das Blatt Zeiger hat
auf deiner Stirn –

Süß ist, seit ich dich liebe,
dein Mund und oft
die Antwort versagend

Es macht nichts: Fraglos
gehe ich um, unter deinen
Küssen, den deutlichen

8.

Du weißt doch, es gibt
diese besonderen Stellungen
Du weißt schon: die stimmen,
und man weiß nicht warum

(Du weißt, ich rede nicht
von Obszönitäten sondern,
du weißt es, vom Liegen:
vom Liegen bei dir)

Du weißt noch:
wenn unsere Körper,
du weißt ja, so gut ineinander passen

(Du weißt, was ich meine –
drum bin ich jetzt still
und leg mich zu dir)

9.

Die Liebe nimmt uns immer auseinander
Wir aber setzen uns zusammen
Machen einen Plan und stellen
Einen Fuß hölzern vor den andern

Die Liebe bringt uns immer auf
Wir aber machen uns ruhig
Rauchen Tee, trinken Tabak und
Blicken der Zukunft gelassen entgegen

Die Liebe ist ein Höllenhund
Die Liebe ist gefährlich
Die Liebe ist nicht sehr nett

(Aber um dir zu sagen
Dass ich dich liebe
Reicht schon ein kleines Terzett)

Ich bin wie Zucker
Jung und blond in Istanbul
Stephanie Mold
Roman
Ich stehe am Balkon, sehe die Schiffe am Bosporus vorbeiziehen, rauche. Wieder eine verpasste Gelegenheit. Ich hätte einmal meinen Enkelkindern erzählen können, dass ich einen richtigen Seemann hatte, als ich noch jung war und blond. Aber ich werde wohl nie Enkelkinder haben, wenn das hier so weitergeht.
edition a

Stephanie Mold

Ich bin wie Zucker

Jung und blond in Istanbul

Roman

ISBN 978-3-99001-000-6

Zwei Jahre als mitteleuropäische Kunststudentin in Istanbul: Stephanie Mold fand sich bisher eher plump und etwas hässlich, doch hier gilt sie vor allem als jung und blond. Sie lässt sich anbaggern, aber nur um Mustafa, Can, Ibo, Efe und all die anderen hinterher samt ihren Wohnungen in Miniaturen aus Plastilin und Pappe nachzubauen.

Damit beginnt für sie eine Irrfahrt durch die pulsierende Metropole am Bosporus – und die Suche nach einem, der mehr als ein Kunstwerk sein könnte. Eine Analyse der Istanbuler Szene und Männerwelt, über die man immer dann am lautesten lachen will, wenn der Autorin beides selbst gerade am ärgsten zusetzt.